体育彩票市场的消费者行为研究

TIYU CAIPIAO SHICHANG DE XIAOFEIZHE XINGWEI YANJIU

唐 鹏◎著

河海大学出版社
HOHAI UNIVERSITY PRESS
·南京·

图书在版编目(CIP)数据

体育彩票市场的消费者行为研究 / 唐鹏著. -- 南京 ：河海大学出版社，2023.7

ISBN 978-7-5630-8155-4

Ⅰ. ①体… Ⅱ. ①唐… Ⅲ. ①体育-彩票-市场-消费者行为论-研究-中国 Ⅳ. ①F726.952

中国国家版本馆 CIP 数据核字(2023)第 089189 号

书　　名	**体育彩票市场的消费者行为研究**
书　　号	ISBN 978-7-5630-8155-4
责任编辑	曾雪梅　杨　曦
特约校对	孙　婷　蒋乃玢
封面设计	徐娟娟
出版发行	河海大学出版社
地　　址	南京市西康路 1 号(邮编:210098)
电　　话	(025)83737852(总编室)　(025)83722833(营销部)
经　　销	江苏省新华发行集团有限公司
排　　版	南京布克文化发展有限公司
印　　刷	广东虎彩云印刷有限公司
开　　本	718 毫米×1000 毫米　1/16
印　　张	7.25
字　　数	130 千字
版　　次	2023 年 7 月第 1 版
印　　次	2023 年 7 月第 1 次印刷
定　　价	40.00 元

前言

PREFACE

20世纪80年代以来，伴随着经济发展和社会进步，彩票业在我国持续发展壮大。然而，我国体育彩票业还有很多不足之处，一些负面影响逐步显现。促进我国体育彩票业更快、更好发展，还需要学术界特别是经济学界的理论引导。

在我国经济体制改革的不断深入过程中，人们关于体育彩票的观念发生了巨大的改变。为了促进体育事业的发展，我国政府开始通过发行体育彩票筹措体育事业发展需要的资金。体育彩票业在初期发展经历了短期的繁荣，此后出现了一系列问题，于是政府开始考虑如何完善体育彩票市场的管理体制，并建立起与体育彩票业发展相适应的管理制度。随着体育彩票发行量的不断增加，体育彩票管理部门也意识到有效的管理制度是体育彩票业稳健、长远发展的重要支撑。我国政府对体育彩票业的管理体制及运营机制进行的若干改革，将我国体育彩票业带入飞速发展的轨道。

但是与发达国家相比，我国体育彩票业的发展繁荣程度还远远不够，如何促使更多人参与体育彩票事业，从而为公共体育事业筹集大量资金，是我国体育彩票管理部门必须思考的重要问题之一。体育彩票消费者是否购买彩票、购买什么类型的彩票、购买多少额度的彩票很大程度上取决于体育彩票的消费者行为因素。因此，从本质上来说，消费者行为很大程度上决定我国体育彩票的繁荣程度，研究我国体育彩票市场的消费者行为对于繁荣我国体育彩票市场具有重要意义。

本研究从体育彩票消费者行为特征分析入手，对体育彩票消费者行为进行问卷调查，探讨体育彩票消费者的购买动机、涉入程度和消费行为，基于结构方程建模方法探讨影响体育彩票消费行为的核心因素，进而基于前景理论深入研究体育彩票消费者购买行为的博彩动机。最后，提出促进我国体育彩票业健康发展的政策建议。

目录

CONTENTS

第一章
绪　论

1.1　体育彩票与体育彩票市场的相关内涵

二战以后，彩票业逐渐兴起。起初，彩票发行作为一种社会集资行为出现。各国相继发行彩票，旨在增加政府税收和吸引社会游资，目前已形成规模庞大的博彩行业。有数据表明，发达国家的彩票行业规模已排在所有行业的前六位。例如，挪威政府用体育彩票中的税收支持体育事业的发展，此外还用于支持其他行业如教育事业的发展。

从经济学角度看，发行彩票募集资金属于"第三次分配"。国家发行体育彩票把个人的闲散资金集中起来投入国家体育公益事业，实现体育公益与个人中奖的共赢格局。体育彩票产业随着自身的不断改革与完善，在我国经济社会全面、和谐及可持续发展过程中发挥着越来越重要的推动作用。

1.1.1　体育彩票的内涵界定

彩票起源于欧洲，1530 年首次发行于意大利的佛罗伦萨。随后，彩票在欧洲的一些国家和地区相继发行，然后在亚洲和美国发展起来。目前，世界上已有 100 多个国家和地区发行体育彩票，许多国家的体育经费也主要来源于发行体育彩票。与世界其他国家体育彩票业发展相比，中国体育彩票业仍然是一个新兴产业。我国体育彩票于 1984 年 11 月在福建省首次发行，1994 年经国务院批准在全国统一发行，伴随着国家官方的批准发行，我国体育彩票业逐年发展。

彩票是为支持社会公益事业，由国家发行的有价凭证；体育彩票则是由国家体育管理中心统一发行的有价凭证。关于体育彩票的概念，《现代汉语词典》将其定义为："国家为筹集体育发展资金、支持全民健身事业所发行的一种有奖证券。"[1]而不同学者对于体育彩票的界定是不同的。赵明宇在《世界体育彩票概览》一书中，将其解释为："为了筹集大型体育运动会的举办资金而发行的印有文字、图案等的书面凭证，人们自愿购买，可获得奖励权利。"[2]沈明明认为："体育彩票是指为各类综合性大型体育赛事举办提供资金而发行的，以各种数字、字母、图案或文字为标识的，为人们自由选购从而使购买人拥有获得奖励权利的证明。"[3]在《世界赌博爆炸与中国的经济利益》一书中，王五一指出："体育彩票是指为了筹集体育事业发展所需资金而发行的，印有各种数字、字母、图案或文字为标识的，人们自由购买同时按照具体相关规则享有中奖权利的各种凭证。"[4]陈旭东认为："体育彩票是为了体育筹款，以抽签给奖的方式所发行的具体凭证。"[5]曹缔训与蔡海波在《体育产业经营管理》一书中指出："体育彩票是体育筹集资金所发放的凭证，只不过是以抽奖的形式来进行的。"[6]

归纳起来，体育彩票的基本内涵是一致的，即它是以体育的名义发行的，有可能会给买家带来某种中奖权利的凭据。同时，它还是一种需要支付货币以满足特殊需要的消费品。但作为一种有价凭证，体育彩票不同于一般商品，具有其特殊性。发行体育彩票作为一种经济活动，具有强大的集资功能；作为服务于体育的公益事业，体育彩票集公益性与娱乐性为一体。在此基础上，本研究将体育彩票分为广义和狭义两种。广义的体育彩票与体育相关，指的是彩票发行的目的及玩法；狭义的体育彩票也被称为竞猜型体育彩票，指的是将体育比赛作为媒介所发行的彩票，包括足球彩票、赛马彩票等。

1.1.2 体育彩票的基本属性

要想对体育彩票有更深刻的认识，首先必须将以下问题搞清楚：体育彩票的性质是什么？体育彩票是否是商品？体育彩票的购买是否是一种投资？体育彩票的购买与游戏、赌博之间存在什么样的区别与联系？这些都是需要厘清的基本问题。

1. 体育彩票的商品属性

马克思定义的商品是用来交换、能满足人的某种需要的劳动产品，具有价值和使用价值两种属性。体育彩票作为一种特殊商品，同样具有价值和使用价值。体育彩票是一种印有号码、文字或图形，可供人们自愿购买的书面凭证（需特别说明的是其实际价值与票面价值无关），并且赋予购买人按照规则获取奖金的权利。体育彩票的使用价值体现在其能满足人们娱乐、游戏的心理需求。

2. 体育彩票的游戏属性

体育游戏有机地结合了竞争、游戏、投机等，而作为一种游戏的延伸品，体育游戏增加了游戏的魅力。游戏具有三个基本特征——自由、虚构和规则性。由于体育彩票具有这三个特征，因此自然也是一种游戏。

自由是游戏的第一个特征。谁也不能强迫别人做游戏，所以做游戏是参加者的一种自觉自愿的行为。如果某人被强迫做游戏，那么对他而言，就毫无乐趣可言，且游戏也不可能成功。同理，消费者购买彩票，并不受其财富、职业、智商、社会关系等限制。对于体育彩票的消费者来说，每买一次彩票就得到一次自由地不受别人控制和影响的重新分配财富的机会。所以，买卖体育彩票也具有自由的特征。

虚构是游戏的第二个特征。游戏和日常现实生活完全不同，它既不进行任何生产，也不解决日常生活的实际问题，游戏中的人物、道具以及其中所遵循的是非原则都是虚构的。在通常情况下，要求一个平常人无任何目的地拿出钱来给另一个人，是很难的一件事，所以设置一个人们公认的游戏“漏斗”是必要的。体育彩票发行本身就是在虚构一个神话——可以使人们一夜暴富的神话，这个神话就是博彩中的游戏“漏斗”。有统计表明，彩票的中奖概率非常低，一般在15%以下，中大奖的机会更是微乎其微，低于几十万分之一。这种“暴富神话”满足了人们的投机心理，而如果没有中奖，人们则转而产生为公益事业做贡献的心理。

规则性是游戏的第三个特征。游戏为了更好地保证娱乐性并吸引大家参与，必然需要制定一系列的规则。就体育彩票规则制定而言，国家体委于1994年颁布了《1994—1995年度体育彩票发行管理办法》，该办法极大地推动了我国体育彩票事业的发展。随后，国家体育总局、中国人民银行、财政部于1998年联合制定颁布了《体育彩票公益金管理暂行办法》，详细规定了体育彩票公益金的监督和违规处罚办法。国家体育总局于2001年又颁布了《中国足球彩票发行与销售管理办法》，规定了足球彩票的发行区域、销售方式、具体的游戏规则等。财政部于2002年颁布了《彩票发行与销售管理暂行规定》，详细地规定了彩票发行和销售规则。这一系列的规定和办法的制定有效地保证了体育彩票发行的公开和公平性。

3. 体育彩票不同于赌博

赌博源于游戏,因此也具备了游戏的两个基本特征:自由性、规则性。但赌博却有着自身的特征,它不是一般的游戏,而是一种极为特殊的游戏,它还具有其他三个基本属性:强烈的竞争性、高度的投机性和极大的偶然性。赌博是一种可以促动人们的投机和好胜心理,并使其乐此不疲地进行金钱的转换和搬运的极具诱惑的游戏,具有基本属性和一般属性。其实质是在游戏的外壳下赚取财物。

体育彩票和赌博二者都属于游戏范畴。这就决定了二者有着必然的联系,体育彩票是一种博彩行为,具有博弈的性质。但就参与赌博和购买彩票的行为进行分析,发现两者具有以下不同点。

第一,介入资金的所有权转换方向截然相反。体育彩票的公益金最终用于整个社会的体育事业,将筹集到的资金全部用于建设体育设施或开展大型运动会,以及建设全民健身事业和竞技体育事业。而赌博资金的最终去向却是赌博中取胜的个人以及赌博的组织者。

第二,购买体育彩票可以让更多的人关心体育事业,让他们为我国的公益事业付出爱心,这种参与行为是正面积极的。此外,较少资金的投入还有机会获得巨大收益。对于参与者而言,即使没有中奖,也是对体育公益事业的一种支持。相反,赌博的目标只是赢取奖金,这是一种极大的异化和扭曲,容易对人产生恶性诱导,从而给参与者、参与者家庭以及社会带来破坏性的影响。

第三,体育彩票的发行、开奖、管理、兑奖等系列过程的进行,都有政府公证人员和高科技设备的监督,使得每个参与者都处于一个公平且机会均等的条件下。赌博则相反,组织者在利益驱使下,进行一系列的恶性操作,使得赌博过程陷阱密布,从而根本无法做到公正、公开和机会均等。

第四,二者在返奖率上有很大差异。体育彩票对购买者的心理进行了研究,对奖金总额设定了上限,其返奖率控制在50%,其余的35%用于体育公益事业,15%用于运作成本。赌博则不同,其返奖率高达95%以上,这促使参与者产生一种不健康的心理状态,使其极力追求高额的奖金,并严重扭曲了其参与动机。

第五,二者的中奖概率不同。体育彩票的中奖概率在15%以下,可以对购买者进行较好的引导,使其了解到中奖只是一种巧合,同时也产生了积极的调节作用,使购买者进行适宜的投入。而赌博则不同,其中奖率高达50%,使得参与者的投机心理大增,并且可能造成参与者陷入其中,不能自拔。

第六，二者开奖率不同。赌博的开奖频率取决于参与者和组织者的获益情况，并且开奖频率极高，一般几分钟就能开一次奖，这容易造成参与者忽视周围的风险因素，无形中逐渐强化“赌徒”心理。而体育彩票的开奖频率和事件有其规律性，是固定的。

综上所述，赌博和购买体育彩票两种行为存在本质区别，表现在中奖率、目的、开奖频率、游戏方式、资金使用途径和对社会产生的影响等方面。更加重要的是，体育彩票的购买行为是受法律保护的，而赌博行为是非法行为，是被我国法律明令禁止的。

1.1.3　体育彩票消费者及其消费行为的相关内涵

1. 体育彩票消费者的内涵

消费者是指为了满足需要而购买及使用产品或服务的个人或单位。购买体育彩票作为一种消费活动，体育彩票消费者也属于消费者中的一类，二者的内涵及行为特征具有一致性。在我国诸多体育彩票市场研究中，学者经常用“体育彩票消费者”、“彩民”、“博彩者”、“购彩者”和“体育彩票购买者”等词汇来界定作出购买体育彩票行为的个体或群体。但从严格意义上来说，各个概念之间侧重的内涵不同。我国体育彩票发行的目的是给体育事业和社会公益事业的发展筹集资金，购买体育彩票的行为实质上是一种慈善行为，具有浓厚的公益性质。而“博彩”强调私人赢利，与国家发行体育彩票的公益属性相悖，故本研究没有采用“博彩者”这一词汇来界定购买体育彩票的个体或群体。有学者采用“体育彩票购买者”来定义在过去半年中至少购买过一次彩票的人[7]。但鉴于体育彩票既有可能是本人购买，也有可能是受委托购买，而购买者一般指的是实际完成购买决策并作出购买行为的人。因此，“体育彩票购买者”或“购彩者”难以准确界定购买体育彩票的个人或群体是否自己出资。此外，“体育彩票消费者”与“彩民”的内涵也存在差异，主要表现在购买体育彩票的频率，以及购买体育彩票行为的稳定性和持续性上。体育彩票消费者指的是出现过购买体育彩票行为的个人或群体，彩民是购买体育彩票达到某一频率的体育彩票消费者，其显著特征之一是具有持续的购买体育彩票的消费习惯。在《体育彩民的界定及购彩心理与行为特征》一文中，王斌等人将彩民定义为持续购买体育彩票 3 个月或者更长时间，且每月至少购买一次的体育彩票消费者[8]。所以，体育彩票消费者不完全等同于彩民。从我国目前体育彩票市场发展状况来看，普遍存在定期购买体育彩票的个人或群体，其购买体育彩票的行为具有持续性和稳定性。因此，本研究认为只要有过购买体育彩票行为的个体或群体就是体育彩票消费者。

2. 体育彩票消费者行为的界定

消费者行为是指消费者为了满足需要而作出的对产品或服务的寻找、购买及使用等行为，包括消费者决定购买的事前事后的所有决策过程[9]。体育彩票消费者作为消费者的一种，其行为与消费者行为具有共同的特征。从狭义上来说，体育彩票消费者行为是指消费者购买体育彩票的行为过程。从广义上来说，体育彩票消费者行为指体育彩票消费者作用于体育彩票的所有行为，包括消费者决定购买体育彩票的所有决策过程。在《消费者行为学》一书中，江林认为消费行为是由心理过程和行动过程这两个过程构成，消费者行为指的是消费者对产品进行分析、比较、判断等心理过程后而作出的选择、购买及使用等一系列行为[10]。基于此，体育彩票消费者行为是指消费者为了满足特定需求，产生购买体育彩票的意向，经过这一心理决策后，表现出购买体育彩票的外显行为。但由于体育彩票不同于一般商品，具有其特殊性质，因而体育彩票消费者行为的影响因素相较于一般消费者行为特征存在差异。王升在《试析影响中国体育彩票市场消费者的行为因素》一文中指出，与其他产品消费情况大相径庭，不同特质的体育彩票消费者行为特征存在诸多差异，影响我国体育彩票消费者行为的因素除年龄、性别、职业、经济收入等个人因素之外，还有体育彩票消费者的消费动机等社会心理因素，以及体育彩票市场的竞争因素[11]。从以往的研究发现来看，因我国体育彩票事业起步较晚，体育彩票消费者行为特征受地理、经济、社会等各因素影响而表现出多样化特点。

1.2 体育彩票消费行为的研究意义

体育彩票作为体育事业发展的重要筹资渠道，目前已成为部分国家体育产业的重要支柱。相较于西方国家较为成熟的体育彩票事业，我国体育彩票业仍处于发展初级阶段。研究我国体育彩票消费行为，可为国家相关部门制定体育彩票政策提供依据，有利于培育和开发体育彩票市场，促进体育事业的发展。

1.2.1 体育彩票消费者行为研究需要突破传统经济学范畴

当前，对体育彩票消费者行为进行分析的相关研究，大都是利用传统经济学的消费者行为理论并结合了决策效用理论。以效用理论为例,效用理论把市场中消费者分为风险偏好、风险规避和风险中性这三种类型。一般认为风险偏好型的消费者是体育彩票消费者群体的主要构成部分,如果体育彩票购买的风险低于承受能力,体育彩票消费者就愿意去购买体育彩票;但在这种情况下,风险中性型和风险规避型的消费者却不愿意购买体育彩票。这样就不难得出结论,购买风险、消费者效用类型是影响体育彩票消费者行为的主要因素。效用理论由于是完全理性的假设,所以无法全面地解释人的行为,更不用说消费者行为。由于消费过程同时也是一个复杂的心理过程,在传统经济学的范畴内对体育彩票消费过程的系统研究是无法完成的。另外,研究结果与现实也出现比较大的偏差。按照传统经济学的解释,体育彩票消费者基本上都属于风险偏好型,消费群体本应以中高收入者为主,但是大多数体育彩票消费者往往都是普通民众,而且风险厌恶型者也不在少数。在消费群体中,中低收入者就占了近80%,中高收入者的平均购买量又略低于低收入者,这一切都无法用传统经济学理论进行解释。因此,有必要寻求新的理论作为分析框架对此进行解析,以深度探讨体育彩票消费者行为。

1.2.2 影响体育彩票消费行为的因素具有多样性和复杂性

从经济学的视角来看,体育彩票实质上是一种商品,但不同于一般商品,具有其特殊性质。体育彩票是一种特殊消费品,对于消费者来说,购买体育彩票不仅是一种经济活动,可以获得收益,还能够满足娱乐需要,丰富闲暇生活,集体育、文化、娱乐多种社会性功能于一体。这一多样性的特点,也决定了体育彩票市场消费者行为影响因素的多样性和复杂性特点。诸多学者对体育彩票市场消费行为特征的分析表明,我国体育彩票消费情况与一般商品消费情况不同,影响我国体育彩票消费者消费行为的因素是多方面的,不同特质的消费者消费行为呈现出显著差异性。举例来说,王爱丰等人采用问卷调查、访谈及文献资料等研究方法进行的实证研究发现,影响南京体育彩票消费者消费行为的因素除消费者的年龄、性别、职业、受教育程度、经济状况等个人因素外,还有体育彩票消费者购买过程中的心理及动机因素,以及体育彩票信息等外部诱因,如体育彩票市场的竞争环境、体育彩票消费者的家庭因素等[12]。为了吸引更多的体育彩票消费者,壮大我国体育彩票消费市场,最终实现我国体育彩票市场的持续稳定发展,有必要对体育彩票消费者行为进行深入分析,全面系统挖掘我国体育彩票消费行为的影响因素及特征，根据消费行为的差异性细分体育彩票市场，研发满足体育彩票消费者个性化需求的新玩法、新产品。

1.2.3 合理的定价机制是繁荣我国体育彩票市场的重要保证

随着我国经济体制改革的不断深入，人们对于体育彩票的观念和思维方式也发生了改变。体育彩票业在发展初期经历了短期的繁荣。但不断增加的体育彩票发行量导致一系列问题逐渐出现，政府开始考虑如何完善体育彩票市场的管理体制，并建立与体育彩票业发展相适应的管理制度。体育彩票的政府管理部门也认识到有效的管理制度是体育彩票业稳健长远发展的重要支撑。我国政府施行的针对体育彩票业管理体制及运营机制的若干改革措施，将我国体育彩票业带入飞速发展的轨道。

但是相较于发达国家，我国的体育彩票业的发展繁荣度还远远不足，如何引导更多的人参与体育彩票业，从而为体育公共事业筹集大量资金，是我国体育彩票管理部门应着重思考的问题。从经济学的角度来说，体育彩票消费者是否购置彩票取决于该行为的成本收益分析，而体育彩票消费者的成本收益实质上又决定于彩票的定价机制。从本质上来说，定价机制很大程度上决定着我国体育彩票的繁荣程度，因此，研究我国彩票的定价机制问题对繁荣我国体育彩票市场具有重要的意义。

本研究从体育彩票的行为经济学视角出发，结合金融学和心理学等相关研究，探讨体育彩票消费者的理性问题及影响其消费行为的因素，深入研究体育彩票市场中消费行为的博彩动机；系统地分析了体育彩票消费中心理账户、直觉偏差、沉没成本效应、情绪与自我控制、社会交互作用等认知偏差现象，具体探讨了影响体育彩票消费者行为的重要心理动因；通过结构方程模型构建了体育彩票购买的行为动机模型，探讨了体育彩票消费者的购买动机、涉入程度与消费行为之间的关系；借助前景理论，从体育彩票消费者有限理性行为特征角度，分别考虑了单一奖项、多种奖项等情形下的体育彩票消费者行为动机，并与基于期望效用理论的体育彩票消费者行为动机进行对比分析；最终，针对我国体育彩票事业的发展提出相应的完善建议。

1.3 国内外研究现状与发展动态

1.3.1 国内外体育彩票的比较研究

当前，世界多个国家的彩票业发展已具备相当的规模。全球已有150多个国家和地区经营彩票，其中有70多个国家发行和经营体育彩票，有30多个国家发行和经营足球彩票。2011年，世界彩票协会（World Lottery Association）对外公布了世界主要国家和地区的彩票销售情况，尽管2010年受到糟糕的经济大环境影响，全球彩票销售还是增长了13%。其中，中国2011年共销售彩票2 214亿元人民币，同比增长33.2%，增幅全球领先；另外，体育彩票销售额已达到903亿元人民币，再创新高。

目前，体育彩票业已经成为许多国家体育产业的支柱产业。以意大利为例，意大利奥委会的主要经济来源就是年发行量高达20多亿美元的意大利足球彩票。据统计，近年来，国外的彩票业年销售额已达数千亿美元，并且其增长速度为每年18%，因此被称为世界“第六大产业”。可以说，西方发达国家体育彩票发展得早而迅速，取得了显著的成效。

有研究者比较国内外体育彩票发展现状和管理体制及运营机制，总结出了世界体育彩票发展的一些有效经验。相对成功的研究成果主要分为两种：第一种是对体育彩票发行的现状进行比较，从全局提出我国体育彩票业发展改革的路径[13-14]，如李海、闫华等人的研究；第二种则是从具体的改革措施入手[15]，如肖平等人的研究。这些研究成果是把国外体育彩票业的发展作为参照，通过比较发现我国体育彩票发展中存在的各种不足，并提供对应的解决方案。从总体上来看，此类研究结论可以提供一些借鉴，但是没有考虑我国的现实国情和我国体育彩票市场的发展现状，提出的解决方案的可操作性和针对性还不够。

1.3.2 博彩动机的研究现状

1. 彩票消费者购彩的动机

传统经济学研究人在不确定条件下做出抉择时，假设其效用函数为冯·诺伊曼-摩根斯坦效用函数形式，也就是说，某种会出现不一样结果的复合赌局的效用为构成其所有单一赌局的效用与发生概率乘积的总和。它的数学形式可表达为，若对于每一个 $g \in G$，存在下列关系，效用函数 $u:G \rightarrow R$ 的性质具有预期效用。

$$u(g) = \sum_{j=1}^{n} p_j u(a_j) \tag{1-1}$$

且满足 $u'(a_j) > 0$，$u''(a_j) < 0$。

但该假设与实际现实生活状况并不完全一致，消费者购买体育彩票的行为就是相对典型的例子。针对此问题，学者们从不同角度进行了诠释，具体如下。

(1) 传统经济学角度

立足于传统经济学，消费者几乎很难从购买彩票活动本身得到效用，因此相关理论都立足于经济学相关理论，以及放松传统经济学理论的一些假设来构建效用函数。该效用函数是特殊的，体现了消费体育彩票的效用是有办法增强的。

①S 形的收入效用函数曲线

Friedman 与 Savage[16] 认为，人们在面对选择的情况下一般依照下列原则：a. 他的偏好有一系列的相对一致性。b. 基数效用完全可量化偏好。c. 在无风险情形下，他可以实现效用最大化。d. 在有风险情形下，他可以使预期效用实现最大化。e. 绝大多数的消费者都希望收入处在边际效用递减的范围内；在一定收入范围内，边际效用呈现递增；如果收入更高，边际效用又呈现递减。f. 收入效用是收入的增函数，边际效用都为正；并且，当收入少于某收入点时，边际效用呈现递减。

假定 a～d 均为经典经济学的基本假设。而对于假定 e，Friedman 的解释是当收入增加的值并不能够使消费者跃迁到更高的社会阶层时，其收入函数为凸函数，同时边际效用呈递减趋势，但是当收入在不断增加的过程中达到某一临界点时，其收入增加足够多使得消费者能够跃迁到更高的社会阶层，此时，在临界点的附近，收入函数为凹函数，同时边际效用呈递增趋势。因此，消费者的收入效用函数曲线呈 S 形。消费者在临界点附近表现为风险偏好，在这种情况下，人们从博彩的心理出发并购买小于 1 的预期收益率的彩票同样也是理性的。

有人同意此观点，有人不同意。Robson[17] 指出，依据 Friedman 和 Savage “S 形效用函数”的曲线，当接近收入临界点时，消费者也许会进行下列性质的赌博，也就是收益很小但获胜概率相当大，而且损失很大但赌输概率很小。然而，现实中并不存在这样的赌博。

②大宗商品具有无法分割的特性

消费品能够进行任意分割是收入边际效用递减的一个隐含假设，但是不同于现实。比如，消费者只可以购买一个或几个而不是半个或一个半的房子。有些学者将此假设放开，黄有光[18]推导出了一种特殊的收入效用函数曲线。他举了教育的例子，论证了大宗商品的不可分割性会促使消费者进行有风险的行为，有的还会购买彩票，其预期收益率不足 1。在不改变"效用最大化"的假定或假设以"某收入区间范围内边际效用递增"为条件的情况下，其研究充分说明了消费者为什么既买保险又买彩票，为什么彩票总是有多个奖级，即消费品的不可分割性对不同的个体来说是不相同的，就是对于同一个体，不一样数额的钱也有着不一样的用途。

相对而言，穷人购买彩票较多，那是因为消费品不可分割的效应对于他们来说更大一些，他们取得汽车和住宅等的困难程度要比富人大得多，因为同样多的钱相对富人的消费而言只是很小的一部分。

③不同年龄和收入水平的消费者对于风险的态度不同

Rubin 和 Paul[19]研究人们为何购买彩票是从人们处于不同生命周期时对风险的偏好程度不同这一角度来进行的。假设男人要想成家，就必须达到一个财富的门槛，并且他养家糊口的能力会随着年龄增大而不断提高。当男人年轻时，他没有很多钱，初始拥有的财富可能会达不到建立家庭所需要的门槛，这使得年轻的男人呈现出风险偏好的特征。随着年龄的增长，男人会积累一部分的财富以达到足够的数额，从而高于最低的门槛，此时男人便呈现出风险规避的特征，其收入函数也成凹形。同时，这也说明了为什么不同年龄或拥有不等财富的消费者对待风险有着不一样的态度，现实生活中主要是贫困的人和年轻人购买彩票就可以理解了。因此，学者设计了一种特别的收入效用函数，如果收入没有达到某临界值，则为零效用，只有收入超过该临界值，才是正效用。收入越接近这一临界点的人，越是风险偏好者，越容易去买彩票。

④依序期望效用理论

依序期望效用理论之所以促进了多种创新理论不断涌现是由于其背离了现实。设法调整或者放松主观期望效用理论的前提假设是所有新理论的相同点，它们据此确立了更加常态化的理论，同时，将不确定性和风险运用到投资、生产、消费等多样的经济活动中。Quiggin[20]的依序期望效用理论是其中的一种，该理论的主要观点是主观概率 q 是客观概率 p 的一个凸函数。依此可见，同样返奖率的彩票，因为主观概率不同于客观概率，赔率大但中奖概率低的彩票就要比赔率小但中奖概率高的彩票更容易有人购买。

（2）心理学角度

①购买彩票是一个学习过程

Haruvy 等人[21]指出，如果购买彩票的消费者仅仅追求风险，那么彩票发行部门就可以设置一个单一的大奖使发行收益增加。然而，现实中一般的奖项设置都是由一个大奖和许多小奖所构成的。依据适应性学习模型，可以将赌博认定为一种学习的过程，而这一过程会因为许多小且不断的正向效应而频繁地得以加强。所以，能够不断强化消费者购买彩票行为的奖金结构是由许多小奖和少量大奖组成。

Haruvy 进行了两种不同形式的实验，其中 A 形式为单项奖，在两个不同的条件下各个试验者自由挑选，一种是 1/3 的概率取得 9、10 或 11 比较固定的奖励，第二种以 0.001 的概率得到 9 000，以 0.999 的概率得到 0；B 形式为多项奖，在两个不同的条件下各个试验者自由挑选，一种是 1/3 的概率取得 9、10 或 11 比较固定的奖励，第二种以 0.000 1 的概率得到 9 000，以 0.15 的概率得到 54，以 0.849 9 的概率得到零。他挑选了约 80 名试验者自由均分成两组，在 A 和 B 形式下选择了 200 次，同时得到了最终奖励的 1/300 的现金。最后结论是尽管所设置的单项奖和多项奖有一样的预期收益率，然而试验者对单项奖的参与度远低于多项奖，多项奖更受大家欢迎。所以根据心理学理论可以知道消费者为什么会频繁地去购买彩票。

②人性的复杂性

因为买彩票与频繁买卖股票的收益率都小于 1，所以 Statman[22]把两者认定为相同的行为。前者只有 40%的彩票返奖率，后者存在交易成本，频繁买卖股票的收益率明显低于长期持有股票的收益率，他从心理学角度得出人从事这两种买卖的原因主要是人们的期盼。

他认为人总是太乐观，相信自己中大奖的概率、对股票价格的把握能力强于他人。这种情况也会发生在其他地方，例如，人第一次找工作时会高估薪水，家长会高估自己小孩的天资等。股票和彩票的销售商容易利用此种情况进行广告宣传并强化这种心态和意识。大家很希望增加财富，但人们拥有的财富总少于期望的财富。因为股票和彩票的购买简单方便，如果成功将获得相当大的收益，所以绝大多数人买彩票不是因为他们偏爱风险，而是他们总想脱贫致富。同时，如果某些人收入大幅下降,也会容易进行赌博活动,幻想通过赌博获得原有财富。

③行为金融学角度

行为金融学是指放宽了行为人的自利和理性假定,将心理学的研究成果导入金融学的特殊科学。彩票经常成为其研究对象,也是作为一种特别的商品。很多学者都论证了:很多人会认为可以通过荒诞不经的方式提高中奖概率,即使号码是随机组合的。因为人对于小概率事件会产生一定的判断误差、控制幻觉(the Illusion of Control)[23],尽管有损失还会冒险[24],他们经常以为自己比别人更幸运[25]。就彩票而言,体育彩票消费者通常愿意买主动型彩票,购买的乐透型彩票几乎都是自选号码,尽管自选号码中奖概率与机选号码等同。此时,参与风险也就是购买彩票反而比风险规避更加有效用,其实这种效用只不过是体育彩票消费者的自我意识。

由于人们担心不买彩票会失去中奖的机会,也就经常买同一种彩票同一号码。依据行为学的相关理论,人的行为包含许多方面,每一面有着不一样的风险态度。简而言之,人主要拥有两面,第一种是为了更好而买了彩票,第二种是以防发展得更糟糕而购买了保险。

④购买彩票本身就具有一定的效用

其中有一种效用是正常的,即购买彩票本身就会获得快乐[26]。根据英国消费者协会(U. K. Consumer Association)的研究,体育彩票消费者大多数了解购买彩票中奖的概率,体育彩票消费者买彩票是为了某种体验,主要是有朝一日中个大奖,相当于为了梦想而买。尽管彩票中奖概率微乎其微,但是购买了彩票就有中奖的可能性,不买的人一点机会都没有。还有种效用是病态的,也就是说买彩票仅仅是为了持续地参与此类活动而已,已经不在乎中不中奖,并认为这是其他活动所无法取代的。从生理学上讲,人的大脑会分泌一种叫多巴胺的物质,负责使人产生快乐感。人在进行有风险的活动时,刺激越大,就会分泌越多的多巴胺,所体会到的效用也就越大。然而随着时间的延长,要分泌等量的多巴胺需加大刺激强度,也就是说人必须不断增加下注额,才会体会到此行为引发的效用。尽管他自己从某种层面想戒掉,然而不依靠外部力量是做不到自我控制的,最终导致家庭破碎,这也就影响了社会和谐发展。

Frankel 和 Snyder 认为,“倘若彩票真的能给人带来一定的效用,那么这种效用只能是投注在心理上的,是不可以衡量和测量的”[27],同时也难以区别彩票的非货币属性和货币属性。所以经济界的学者正式分析彩票时一般只针对货币形式的彩票收益那部分。

(3) 社会学角度

①男女在繁衍后代的过程中起不同的作用

Rubin 等人[28]依据男女在繁衍后代的过程中起不同的作用，通过一个人类社会模型，解释了男人为什么愿意选择获胜概率很小但收益很大的赌博，而不去选择获胜概率很大但收益很小的赌博。推理如下。

首先假定：

a. 社会上婚姻制度是以一夫多妻制实行的，男人平均分配其财富给自己与他们的每个妻子。

b. 每一个男人的目标是实现后代最大存活量，函数的表达式为

$$d(w,f)=w^{a}f^{1-a} \tag{1-2}$$

其中，f 是其妻子的数量，w 为其财富总量，其中 $0<a<1$。

c. 每个女人的财富起初都是零，以达到最大后代存活量为目标，且了解各个男人全面的财富信息。w 为女人各自选择的财富，男人的配偶数为 f，他们每人后代存活量预期为

$$d(w,f)/f=(w/f)^{a} \tag{1-3}$$

假定一个社会仅有两女两男，可以得出第一个男人支付函数 $d(w_1)$ 的表达式为

$$d(w_1)\begin{cases}0 & \text{if } w_1<w_2/2, f_1=0\\ 0 \text{ or}(w_2/2)^{a} & \text{if } w_1=w_2/2, f_1=0 \text{ or } 1\\ w_1^{a} & \text{if } w_2/2<w_1<2w_2, f_1=1\\ w_1^{a} \text{ or } 2^{1-a}w_1^{a} & \text{if } w_1=2w_2, f_1=1 \text{ or } 2\\ 2^{1-a}w_1^{a} & \text{if } w_1>2w_2, f_1=2\end{cases} \tag{1-4}$$

同理，也可得到第二个男人的支付函数。

假定男人的初始财富都是 1，且赌博公平，以 $p(t)$ 的概率产生 $2+t$，以 $1-p(t)$ 的概率得到 $1-t$，当中 $p(t)=t/(1+2c)$ 同时 $t>0$。可以得出，只要 $t<0.5$，男人选择的这个赌博都是占优的。他们每人支付的都是：

$$d(t)=p(t)[1-p(t)](2+t)^{2}2^{1-a}+[p(t)]^{2}(2+a)^{a}+[1-p(t)]^{2}(1-t)^{a} \tag{1-5}$$

当 $0<t<0.5$ 和 $d(t)<1$ 时，两个男人进入了“囚徒困境”，两个女人也损失了她们的福利，也就导致整个社会福利下降。

需要注意的是：

$$\begin{aligned} d'(w) &= a\,(f/w)^{1-a} > 0 \\ d''(w) &= a(a-1)f^{1-a}w^{a} < 0 \end{aligned} \tag{1-6}$$

实际上，男人是风险的规避者，但仍然进行赌博活动，这与传统理论不同。由于女人选择配偶的行为和男人财富的外部性，两个男人的财富会间接影响他们的效用。

还需要注意的是，假设赌博是公平的只是为了研究简便。事实上，只要时间 t 充足，尽管赌博不公平，男人也愿意赌博，这也说明了为什么男人比女人更愿意买彩票。

②消费与地位的正相关性

Friedman 和 Savage[29] 仅仅假设了地位对效用有着正向的作用，但是 Becker 等人[30] 更深入地诠释了为什么地位对效用具备正向的作用，具体原因：一是地位高的人通常可以从地位低的人那儿得到尊重和顺从，得到心理上的满足；二是当收入水平相同时，高地位的人就能够得到低地位的人所得不到的，如朋友、会所或其他产品，从而提高其边际效用；三是地位高的人往往拥有财富，人们通常也会认为他们受过良好的教育，有知识、有远见并能够引领时尚。因此，当地位变得很重要时，人们就会花很多金钱、精力和时间来取得高地位。

Becker 等人的论文的基础是两个重要假设：一是一个人的地位单纯取决于其收入等级，即收入相对高的人地位也高；二是当收入不变时，地位的提升会相应提高收入或消费的边际效用。

2. 博彩动机研究现状

传统经济学所持观点认为人都是有理性的，关于理性有个最基本的“理性人”的假设。传统经济学认为，对于好的东西与坏的东西，人们总是愿意花费更多的钱买好的东西。1947 年，赫伯特 · 西蒙（Herbort A. Simon）首先就批评了“理性人”这个基本假设，进而提出了“有限理性”概念。但直到卡尼曼（Kahneman）和特维尔斯基（Tversky）才开始研究，在什么情况下，人是不理性的，人的行为会背离理性假设。Kahneman 和 Tversky[24] 在 1979 年提出了前景理论（Prospect Theory），修正了传统微观经济学中的风险决策理论，Kahneman 因此获得诺贝尔经济学奖。前景理论认为，人们在面临损失的时候是风险趋向的，而在面临获得的时候是风险规避的，并指出，人们对损失和获得有不同的敏感程度，获得感带来的快乐要远远小于损失感带来的痛苦。在现实生活中，人们在做决策的时候并不是看物品的真正价值，而是用直观的和某种容易得到的线索来进行决策，这也就是可评估性(Evaluability)的概念。

根据游戏规则，用来派发奖金的大概只有彩票销售额的百分之五十，从平均意义上来讲，体育彩票消费者也就只能收回一半成本。根据传统经济学理论，有理性的人显然都不会购买彩票。可是在现实中，购买彩票的人很多。这个问题主要有两个解答。

一是在不违背传统经经济学完全理性假设的基础上添加外部效用——主要是社会贡献和精神娱乐层面上的效应。例如，费鹏、屠梅曾[31]运用决策效用理论在解释彩票消费者行为方面有所进步，他们认为体育彩票消费者一般是风险偏好型的。不过个人消费支出占总资产比例的减小会导致其风险偏好增大，而彩票之所以能引起大量购买，是因为其价格比较低，占总资产比例小。同时，他们还提出了消费者购买彩票的效用，不仅体现在预期收入上，还体现在由此带来的喜悦心情等主观满足上。周晓棠[32]通过修改体育彩票消费者的效用函数说明体育彩票消费者购买彩票的动机源于“纳税效用”和投机。鲍志宏、吉艳霞[33]从心理学角度分析认为，体育彩票消费者都有较高的感觉寻求特质，购买彩票是为了寻求感觉体验，实质上也是通过添加外部效用——游戏娱乐效用解释了体育彩票消费者的动机。周珂、周艳丽[34]运用传统经济学理论结合效用理论分析了彩票消费者，认为彩票消费者应是风险偏好型的，引起购买动机的是他们的风险贴现超过了彩票本身的价格。郑辉、任向华[35]利用概率统计分析得出，消费彩票是赔本买卖，消费者应该谨慎行事，要注意保持心态平和，但他们并没有揭示体育彩票消费者购买彩票更深层的购买动机。

二是违背完全理性假设的概率高估。概率高估的观点是由亚当·斯密在《国富论》一书中提出的，该观点认为购买者从平时彩票个案中过高地估计了赢得概率，因而购买彩票。穆林等人[36]阐述了中奖概率的高估是体育彩票消费者购买彩票的基础。Wood 和 Griffiths[37]通过问卷调查，分析得出：a. 行为与态度具有一致性，消极的态度极少引起行为的实现，积极的态度直接激励行为的实现；在购买彩票的活动中，这种一致性主要表现在体育彩票消费者对各种渠道报道的彩票活动与彩票的整体评价的直接联系；b. 绝大多数体育彩票消费者是反对赌博的，但他们并不把彩票活动划归为赌博；c. 绝大多数体育彩票消费者对中奖过度自信，坚信他们自己总有一天会中大奖。这三条结论是体育彩票消费者购买动机的相关因素。

总体来看，新古典经济学通过运用期望效用理论来分析了体育彩票消费者的购买动机，得到的结论是，体育彩票消费者都是风险偏好者，对风险的嗜好抵消甚至超出了彩票本身所引起的损失。但这种观点并不能够使很多人信服，因为现实中绝大多数体育彩票消费者是风险规避者，在此传统经济学面临着挑战。学者们设法以行为金融学理论来解释体育彩票消费者的行为动机，弗里德曼、萨维奇认为，人们购买彩票的动机主要是中奖会很容易改变自己的生活状况。行为金融学解释体育彩票消费者行为动机的一个重要方面就是过度自信。摩尔、韦伯等人通过研究得出，过度自信导致投资者总以为他们的投资能力超过其他人，过度自信同样也导致了体育彩票消费者认为自己更容易中奖从而去买彩票。

从行为金融学的角度出发，也可以用不确定性决策的理论——前景理论来解释。如今，前景理论是解释不确定性预期问题的一个相对重要的理论，不同于期望效用理论所认为的决策者能够准确预测自己的事件概率，该理论指出人通常无法准确地掌握概率相关知识，很容易高估低概率和低估高概率。其实购买彩票并中大奖的概率是很低的，但人们往往会高估自己买彩中大奖的概率，也就形成了他们的购买动机。

1.3.3 彩票模式的研究现状

彩票的优化配置以及游戏规则的改进是研究彩票销售模式发展的主要方向。刘伟等人[38]采用由两种因素共同决定的综合指数对彩票方案的吸引力进行了评价，并且应用计算机模拟对方案稳定性进行了评价。他们通过对Logistic函数的改造，构建了彩票方案吸引力指数函数，并建立了指数模型来评价彩票的吸引力。刘世明等人[39]构造了经济学中的效用函数，并以此对彩票的吸引力进行研究，认为彩票对于体育彩票消费者的吸引力是判断彩票方案优劣的重要因素。他们将彩票的吸引力分为奖金额度吸引力和中奖概率吸引力，然后运用熵值取值法和层次分析法对其确定权值，从而算出总的吸引力。对于单个奖项，其中奖概率和奖金额度的吸引力随着该奖项的中奖概率和奖金额度的增加而递增，即为一个单调递增函数。根据算出的加权吸引力对彩票方案进行评价，并且通过动态规划模型得出彩票的最优销售方案为“34 选 6”。奚悦等人[40]通过建立模型，得出高额奖金和高中奖率是影响模型合理性的主要因素。他们首先对彩票中各奖项的奖金、奖项、中奖概率和对体育彩票消费者的吸引力等影响彩票方案的因素进行研究，然后运用模糊评判方法对给出的29种方案进行合理度量化，最终选出的两种最优方案分别为“36选7”“37选7”。这说明对于高中奖率和高额奖金，厌恶风险的体育彩票消费者更看重高中奖率，而偏好风险的体育彩票消费者则更注重高额奖金。王宏健等人[41]认为体育彩票的最终销售方案不是唯一的，而是随着各地区的经济状况、体育彩票消费者的心理素质以及消费水平的不同而不同；并且通过引入两个非负加权因子的模型来进行研究，这两个因子分别表示不同地区的体育彩票消费者对高额奖金和中奖概率的偏好程度。研究认为高额奖金期望值和中奖概率可以使体育彩票消费者和彩票公司共同获利，因为这不仅可以调动体育彩票消费者的积极性，还增加了彩票的销售总额。洪善艳等人[42]通过建立合理度G函数来对影响体育彩票消费者吸引力的各种因素进行度量，但头奖的中奖概率对合理度的影响除外。他们对奖金、奖项设置以及中奖概率等因素采用向量取模的方法分别进行标准值定义，即确定这些因素对合理度的影响程度，但只考虑线性的各种因素对合理度的影响。

虽然彩票销量的影响因素有很多，但各影响因素的作用会随着研究尺度和角度的不同而不同，可以从以下几方面对影响彩票销量的决定因素进行考虑。

1. 特定品种彩票销量的决定因素

经济学家发现“头奖未中”(当期没有人中头奖，结果奖金总量增加)是乐透彩票的一个特点，根据这一特点经济学家找到了有效的途径对特定品种乐透型彩票销量的决定因素进行研究，但是“头奖未中”的情况是一个随机事件。对于体育彩票消费者来说，在彩票的名义价格相同的情况下，下一期的彩票大奖奖金额度和预期收益率却在增加，也就是说购买彩票所获得的偏度、预期收益率、大奖奖金以及方差会随着每期奖池量的不同而不同。根据这一思路进行研究分析，就可以得到决定某一种乐透型彩票销量的主要因素。

其他的彩票购买者购买彩票会对已投注者产生两种影响，并且这两种影响带来的效用是相反的，称为正效用和负效用。负效用指新的彩票购买者会同已购买者形成竞争，这种竞争是由他们可能一同中大奖而分享奖金造成的；正效用指奖金总额会随着他人购买的增加，而使已投注者的预期收益率增加。存在这样两种效用是由于当期预期收益率与当期的销量互为反函数，即当期预期收益率是当期销量的反函数的同时，彩票的当期销量也是当期预期收益率的反函数。彩票消费者在购买彩票时并不知道彩票的实际收益率，因此采用两步分析法对其进行分析，并且假定彩票消费者可以合理预期当期的彩票销量，根据这个合理的预期计算出相关的变量，从而决定投注的数量。

Cook 和 Clotfelter[43]研究发现，对于大奖奖金的过度宣传和对中奖概率几乎不进行宣传的现象，使得人们对大奖的奖金十分关注，却忽视了中奖的概率。此外，人们根本不了解“小概率事件”，认为只要有人中大奖，那么中奖概率就会很大。

他们假定两个州的人口数相当，并且发行彩票的玩法也相同，现在将这两个州的彩票进行合并发行，将一等奖的中奖概率降低一半。此时新彩票的一等奖的奖金变为原来的两倍，每期的中奖人数仍和以前各州的中奖人数相同，虽然中奖概率变为以前各州中奖概率的二分之一，但是人们主观上还是更倾向于选择新彩票，这样就会增加彩票的销售量。也就是说，人均彩票销量同购买彩票的人口数量呈正相关，他们将这种现象称为“彩票规模经济”。研究中选取了美国 17 个州作为研究对象，将数字型和人均乐透型彩票购买量同该州的人均收入、黑人比重、人口总数等指标进行回归。结果表明在赔率浮动的乐透型彩票的研究中，人均购买量与人口规模呈显著的正相关，并且点弹性在 0.41～0.52 之间。而在赔率固定的数字型彩票研究中，则并没有呈现出显著关系。最后，作者采用线性回归方法对 1984 年 7 月到 1986 年 3 月间马萨诸塞州的乐透型彩票进行了研究，得到的结果是前一期奖金额度相对于当期销售量的作用系数为 0.418。

David 和 Scott[44]选择了彩票发行期和预期收益率为自变量，运用此办法对美国从 1984 年到 1990 年间俄亥俄州、肯塔基州、马萨诸塞州的四种彩票的相关数据进行了回归分析。结果发现其中三种彩票的价格弹性在 1 以上，徘徊在 1.15～1.93 之间，而剩余的一种彩票的大奖很少发生落空现象，即它的中奖概率较大，其价格弹性为 0.19，但是这并没有什么实际上的意义。此外，研究还发现了发行期数的系数同样是负的，表明彩票有自己的产品生命周期。

Forrest 等人[45]提出“光圈效应”（Halo Effect），用于解释当积累很高的巨额奖金被人中得后，彩票的销量居高不下的原因。有两个效应会随着奖金额度的增加而产生，一是由于人们具有受大奖吸引的心理，同其他博彩一样，体育彩票消费者会对高额奖金产生赌瘾，并且这种赌瘾需要一段时间才能被消除，即使大奖已被中得,奖金已归零;另一种是由于大奖连续未中,奖金就会积累越多,这时彩票机构就会进行更多的宣传,人们受高额奖金的诱惑而争先购买。Matheson 和 Grote[46]通过实验对以上两种作用的重要性进行了比较验证。他们研究了美国的"强力球彩票",选取了从 1997 年 11 月到 2002 年 10 月间的数据,他们的研究方法在 David、Scott 和 Forrest 等人的基础上增加了光圈的表示变量,他们首先将前两期的销售量以及前一期的奖金额度作为研究的指标,结果发现前一期的奖金额度这一指标并没有前两期的销售量这一指标显著,从而说明彩票可以使人上瘾,也就是证明第一种解释更接近实际。

Forrest 等人[47]同样运用了上述方法对英国国家彩票从 1994 年 11 月到 1997 年 10 月的相关数据进行了分析。他们在以前的基础上设置了哑变量,此外还在第一步增加了发行期数和奖金额度的平方项两个变量,第二步增加了之前四期的各期的销售量,对 1997 年戴安娜王妃去世和葬礼事件对彩票销量的影响进行研究。结果表明价格长期弹性是 1.03,短期弹性是 0.664;前两期同当期销量呈现显著正影响;期数平方系数呈现显著为负,184 期为拐点期;此事件使彩票的销售量减少,减少量为 21.65%。

Forrest 等人[47]认为由于彩票预期收益率显著小于 1,传统的对彩票需求的研究函数方法与"预期效用理论"不相符合,传统方法主要研究彩票销售同实际价格的关系。并且,传统方法也没有考虑到各奖金分配对销售量的影响。作者同样采用了两步回归的方法,只是在第二步用当期奖金额度代替了名义价格。他们选取了英国国家彩票作为研究对象,对其从 1997 年 2 月到 1999 年 6 月共 254 期的数据进行回归分析,结果表明当期奖金额度对当期销售量的点弹性在星期六是 0.195,星期三是 0.162。在研究中,他们也利用以前的方法对这期间的销量与实际价格的弹性进行计算,结果在星期三和星期六的"长期弹性"分别为 0.88 和 1.04,"短期弹性"分别为 0.82 和 0.84。

Farrell 等人[48]认为这种分析方法是有局限的,它忽略了彩票的预期偏度和预期方差会随着奖金额度的增大而发生变化,这反过来会影响彩票的销量。第二步仅仅将实际价格即预期收益作为自变量,会使结果中的价格弹性偏大(Biased Upward)。Walker 和 Young[49]则对这一问题进行了较为充分的考虑,他们将偏度和方差的变量加到了第二步的回归过程中,将奖金额度对销售量的作用进行了分解。他们以"英国国家彩票"为研究对象,在回归过程中运用线性形式对从第 1 期到第 486 期的数据进行了研究,结果表明根据预期收益率计算出的偏度呈显著的正向作用,而销量则呈显著的负向作用。

2. 不同彩票销量差异的主要决定因素

不同玩法彩票的销售量会随着返奖率的不同而不同,Garrett 和 Sobel[50]对其中的原因做了研究,分析如下:

假定所有人收入效用函数相同,为

$$U(X) = a_0 + a_1 X + a_2 X^2 + a_3 X^3 \tag{1-7}$$

假定每个彩票购买者的预期效用只决定于其所在地的最大奖,并且限定他们只在所在地区购买彩票。人们将全部的财产都用来进行赌博,一旦输了,则效用变为 0,财富将直接降为 0。

假设购买彩票给消费者带来相同的效用,则有

$$P_{G_i} U_{ji}(X_{G_i}) = P_{g_i} U_{ji}(X_{g_i}) \tag{1-8}$$

等式左边表示赢得 i 州大奖最高的彩票 G_i 的概率同消费者 j 取得这个大奖的效用之积,右边为 i 州中除大奖最高的 G_i 之外其他彩票 g_i 中大奖概率同相应大奖 X_{g_i} 所致的效用之积。进一步,将 $U_{ji}(X_{G_i})$标准化为 1,则有

$$P_{G_i} = P_{g_i} U_{ji}(X_{g_i})$$

$$P_{G_i}/P_{g_i} = U_{ji}(X_{g_i}) = a_0 + a_1 X + a_2 X^2 + a_3 X^3 \tag{1-9}$$

各彩票大奖已知,并且中奖概率也已知,这样就可以通过相关数据回归出 a_0、a_1、a_2 和 a_3 的值。作者以 1995 年以来美国各州 216 个在线彩票作为样本进行回归,结果显示,a_1、a_3 大于零,a_2 小于零,并且三者在三种情况下均呈现统计性显著,而 a_2 小于零,这说明人们是风险规避者,但因为偏好“正”的偏度,仍然可能购买彩票。

Kearney[51]研究了不同彩票方差、偏度、均值同当地人均购买量之间的关系。其研究对象为 1992 年至 1999 年美国的 38 个州共 93 种州立彩票、在 21 个州发行的共 61 种跨州彩票和在 30 个州发行的共 52 种即开型彩票,所用公式为

$$\begin{aligned} y_{sgw} = {} & \lambda_1 (\text{expected value})_{sgw} + \lambda_2 (\text{variance})_{sgw} + \lambda_3 (\text{skewness})_{sgw} \\ & + \lambda_4 (\text{nominal top prize})_{sgw} + X_{sgw}\beta_1 + Z_{sy}\beta_2 + w + s \end{aligned} \tag{1-10}$$

其中 y_{sgw} 为彩票 g 在 s 州第 w 个星期销售量的对数值,为方便计算起见,预

期收益率、偏度、方差不用两步法而是直接以实际值相加得出。向量 X_{sgw} 包括彩票不创造价值的特点(即娱乐效用),向量 Z_{sy} 包括 s 州的人口和性别的比例,w 与 s 代表州哑变量和星期哑变量。名义上每一期大奖量按照消费者的物价指数调整到 2000 年的值,同时假定仅仅一人中大奖。如果消费者没有理性预期或不清楚中奖的概率,那么消费者会更看重所谓名义上的大奖而不是预期的收益率,相反类同。

从 Kearney 的回归结果可以得出,如果仅仅考虑方差、偏度、均值的因素,回归分析得出的结果就是 λ_3 显著为负,λ_1 和 λ_2 则显著为正。在考虑了彩票的娱乐效用之后,消费者对彩票的购买部分决定于购买彩票的娱乐效用,就像消费者更倾向于购买发行时间长的彩票,愿意选许多数字,但是 λ_1 和 λ_2 仍然显著为正,而 λ_3 仍然显著为负。考虑名义奖金额度因素,其系数则显著为正,这时均值系数会变大,同样为正,但是偏度系数变正,方差系数变负,后两者都不显著。加大 w 与 s 的变量,同时考虑购买彩票的锁定效应,两者的系数统计性显著,但是 λ_1 和 λ_2 显著为正,λ_3 显著为负。拟合度因为变量的增加而增加,从 0.71 增加到 0.91。这就体现了销量与均值呈正相关,人们会从购买彩票的过程中得到效用,但是无法明确方差、偏度所起的作用。

3. 彩票人均销量的决定因素

博彩业作为一种新兴产业,在其产业的各个方面,不同的学者都有着不同的研究,以下是几位学者的研究结果。

Mikesell[52]研究了 1983 至 1991 年美国 33 个州的人均每季度的购买量和彩票发行时间、失业率、州人均收入等相关数据。最终得出收入与人均购买量的弹性呈显著正相关,与失业率弹性也为正相关,但是只有 0.054。随着彩票发行时间的增长,其总销量将减少。

Garrett[53]研究了 1997 年 82 个国家(地区)的人均彩票购买量及其与相关的经济指标的关系。得出的结论为,全球人均收入对人均彩票购买量弹性为 1.347,具体各洲排名为:南美洲 2.165(第一),欧洲 1.671(第二),亚洲1.320(第三),北美洲 1.182(第四),非洲 0.712(第五)。Garrett 还研究了不同地区和不同收入水平国家彩票销量占其国民生产总值的比例。各地区依次为:大洋洲 0.560% ,欧洲 0.540% ,北美 0.497% ,拉美 0.476% ,亚洲 0.215%,非洲 0.101% ,全世界平均 0.458%。国家排名为:巴拿马 2.71%(第一),马来西亚 2.43%(第二),新加坡2.38%(第三)。按人均排序,第一是 3 601~17 000 美元的一组，为 1.04%；第二是 17 000 美元的一组，为 0.43%；第三是 1 301～3 600 美元的一组，为 0.22%；最低的是少于 1 300 美元的一组，仅为 0.14%。

Garrett 和 Sobel[54]研究了奖金分配与各等奖中奖概率的变化同彩票人均销量的关系，对美国 136 种不同的电脑型彩票进行取样，公式运用如下：

$$\text{PC Sales}_i = \beta_0 + \beta_1(1/\ \text{EP}_i) + \beta_2 \cdot \text{Top Prize}_i + \beta_3 \cdot \text{Total Combinations}_i + \beta_4 \cdot \boldsymbol{\Gamma}_i \tag{1-11}$$

式中，PC Sales_i 指 i 种彩票在其发行地区的人均销售量，EP_i 指这种彩票的预期返奖率，Top Prize_i 为彩票最高的奖金额，$\text{Total Combinations}_i$ 指 i 种彩票的组合总数，$\boldsymbol{\Gamma}_i$ 指 i 种彩票发行地区相应的人口学统计变量的矢量。最终得出，Top Prize_i 的系数是显著为正，$\text{Total Combinations}_i$ 的系数是显著为负，而 $1/\text{EP}_i$的系数并不显著。这就说明彩票的玩法设计决定了其销量，彩票大奖的奖金增加会使人均销售量增加。

1.3.4 我国体育彩票管理模式存在的问题

我国彩票市场仍处于起步阶段，虽然表面上我国的体育彩票事业发展迅猛，但是在管理和运营中存在着诸多问题。

很多学者对我国体育彩票管理问题做了相关研究。谢琼桓[55]归纳了体育彩票发行中的管理体制、人才队伍建设、法制建设、发行透明与社会监管、公益金的分配与使用、发行技术与发行成本等六大问题。吕平和王健[56]指出我国彩票管理存在的诸多问题，如机构设立混乱，行政命令对市场发展的制约等；并且提出了建议，具体包括我国必须建立完全市场竞争机制，实行企业化管理、政府监管、国家参股和市场化运作的方式，并对彩票机构进行重组，同时还要控制彩票发行公司的彩票总量并由国家彩票监管部门实行严格的审批制度。赵芳[57]认为新的管理模式将取代原有的管理模式，同时我国的彩票管理模式也将朝着垄断化、私营化的方向发展。张玉超[58]认为，我国必须尽快扩大游戏规模及品种，完善相关制度；同时还应借鉴发达国家管理模式，比如政府统一管理，企业负责销售并承担市场风险，合伙运作或各负其责的管理方式。倪佳丽[59]提出了我国彩票业立法的必要性，并且明确指出我国彩票业应尽快立法，以确定彩票业的合法地位，明确国家对于彩票发行的主导地位，并呼吁彩票管理部门及国务院有关部门通过积极的相互配合，做好立法工作，使我国的体育彩票真正成为我国体育事业发展的资金来源。

1.3.5 我国体育彩票管理模式的发展趋势

随着我国彩票业的不断发展，国内学者对我国彩票业的关注程度日渐加强，关于我国彩票的购买动机、购买人群结构以及购买数量等调查研究都有文献加以展开。

2000年张占斌的博士论文《博彩业与政府选择》是我国较早研究彩票的论文。该论文立足于我国彩票业的博弈、供给、需求、道德、路径、产业、绩效、政策、控制、基金等方面，分析了我国彩票业的发展现况，最终提出了今后我国彩票业发展的建议和对策。

一些高校成立了彩票研究机构，如北京大学成立了我国第一家彩票专门研究机构——北京大学中国公益彩票事业研究所，上海体育学院同上海市体育彩票管理中心组建了上海体育彩票研究中心。

然而与西方发达国家彩票业研究相比，我国的相关研究仍处于初始阶段。当然，我国彩票相关数据准确度不够，也增加了我国学者研究彩票业的难度。

我国体育彩票尽管起步较晚，但也取得了长足发展，为我国体育事业的发展提供了强大的经济来源。就未来如何更好地发展我国体育彩票业，以及更好地开发其社会效益和经济效益，许多学者对此展开了研究。朱小明[60]认为，我国彩票业运营管理体制的改革应从以下几个方面着手：首先，内导向逐渐转变为外导向，使彩票业发展更加适应市场经济发展的规律；其次，软硬相结合，在打造核心竞争能力的同时着重培养软实力；再次，对管理机制进行完善，对整体效能进行提升；最后，形成"统一管理、集中控制、分级负责、利益共享"发展业务模式和现有政治经济体制相协调的发展格局。

2001年徐刚等人[61]认为现行的运行机制和管理模式在一定程度上制约了我国体育彩票的健康发展，进而建议进一步完善我国彩票的发行管理模式和机制，提出要特别重视根据彩票销售的市场化原则，以及结合我国彩票的特殊性，建立适合我国的彩票发行管理模式，实现我国体育彩票业的可持续发展。

1.4 理论基础

1.4.1 消费者行为学

消费者行为学(Consumer Behavior)是一门研究消费者在获取、使用和处置产品或服务过程中所发生的心理活动特征和行为规律的科学。最早的消费者行为学研究起步于西方,19 世纪中期,随着商品经济的快速发展以及市场竞争的日益加剧,消费者行为学作为一门独立的应用科学开始出现。19 世纪末到 20 世纪 30 年代,关于消费者行为学的研究有了初步的发展,并且相对稳定。早期从事这方面研究的学者注重消费者需求与产品销售之间的关系,关注消费者行为与心理同企业销售之间的关系。1899 年,美国社会学家凡勃伦在《有闲阶级论》一书中提出了广义的消费概念,以他为代表的消费心理研究引起了心理学家和社会学家的关注。1901 年,著名社会心理学家斯科特首次提出在广告宣传上应用心理学理论。随后,不少学者重点分析了个人和群体在社会生活中的心理与行为。总体上看,消费者行为学研究的发展阶段大致可以划分为三个时期。首先是 20 世纪 30 年代至 60 年代,这是消费者行为研究开始广泛应用于营销活动并迅速发展起来的阶段。其中,最著名的是心理学家马斯洛的"需求层次理论",还有美国另外一名心理学家海尔关于消费者潜在的或隐藏的购买动机理论。此外,经济学家科普兰提出的消费者购买动机可分为感情动机和理智动机的理论,对今天的研究还有很大的意义。其次是 20 世纪 70 年代至 90 年代末,这是消费者行为学发展过程中的重大转折时期。关于消费者行为学的研究,数量不断增加,内容不断丰富,行为科学的概念越来越明确,研究方法也越来越科学,计算机、经济数学等被应用到消费者行为学的研究中。其中,在 1968 年,第一本消费者行为学教材《消费者行为学》由俄亥俄州立大学几位学者合作出版。步入 21 世纪后,消费者行为学的研究不断得到发展,研究门类越来越多,诸如商业心理学、广告心理学等学科种类大量涌现。概括来说,消费者行为学是一门试图研究购买过程中消费者心理及行为特征的学科,分析影响个体或群体为满足需求而选择、获取、使用及处置产品或服务的因素,由此为营销活动改进提供依据。

1.4.2 动机理论

动机研究是发现和了解消费者行为研究的一个重要组成部分。动机理论(又称动因理论)指的是关于动机的产生、机制,动机与需要、行为和目标关系的理论。动机是心理学中的一个概念,指以一定方式引起并维持人的行为的内部唤醒状态,主要表现为追求某种目标的主观愿望或意向,是人们追求某种预期目的的自觉意识。动机是由需求产生的,当需求达到一定的强度,并且存在着满足需求的对象时,需求才能够转化为动机。

动机是驱使人从事各种活动的内部心理过程,有内部动机和外部动机之分。同样,动机理论可分为内在动因理论和外在诱因理论。内部动机是指由个体的内在需要所引起的动机,外部动机则指的是个体在外界的要求或压力的作用下所产生的动机。类似地,内在动因理论着重分析由个体的内部需要所引起的对行为的影响;而外在诱因理论着重分析个体在外界的刺激或者压力作用下对行为的影响。其中,内部动机理论研究最为著名的是马斯洛的需求层次理论。马斯洛将人类需求分为由低到高逐级而上的五个层次,分别为生理的需要、安全的需要、归属与爱的需要、尊重的需要、自我实现的需要这五个层级。20 世纪 50 年代以后,许多心理学家认为,不能将所有的动力行为都用内需动机理论来解释,外在诱因在唤起行为时也起到重要的作用,应该用刺激和有机体的特定的生理状态之间的相互作用来说明动机。概括来说,内需动机理论强调内部动机,即由基本需要引起的动机;外在的诱因理论强调了外部刺激引起动机的重要作用,认为诱因能够唤起行为并指导行为。

体育彩票消费者在购买体育彩票行为之前对体育彩票具有需求和动机,从而引发其通过购买体育彩票来获得外部奖励的行为。具体的需要包括娱乐的需要、获得奖金的需要、应对挑战的需要以及自我满足的需要等。通过个体内部的自我调节,行为的目标或奖励可以转为内在驱动力要素,刺激体育彩票消费者购买行为的产生。此外,外部的社会环境也是体育彩票消费者购买体育彩票的外在动机来源。一些外在诱因诸如广告、中奖新闻等体育彩票消费信息,一定程度上能够刺激体育彩票消费者购买动机的形成。从马斯洛需求层次理论出发,购买体育彩票一定程度上可以满足消费者的“自我实现的需要”和自身发展,属于较高层次。尤其对于物质生活较为富裕的消费者,其基本的生存需求已经得到满足,继而追求高层次需求的满足。因此,一旦消费者的内在动机产生,同时又受到外在诱因的作用,体育彩票的购买动机就已形成。

第二章
体育彩票消费者行为特征研究

购买体育彩票是一种商品和服务的消费行为，符合经济学中一般产品消费行为的本质规律和属性。经济学原理告诉我们，消费者对商品和服务的消费动机源于追逐该种商品和服务给我们带来的满足感效用。因此，体育彩票消费者的行为也受效用理论的影响。但同时我们也应看到，体育彩票相对于社会一般商品和服务来说，具有其自身的特殊性。从传统经济学理论角度，我们无法充分总结该种产品的本质属性和内涵，也无法套用传统商品和服务的消费者行为特征来概括体育彩票消费者的行为。因此，本部分将深入研究体育彩票与体育彩票市场的内涵，从行为经济学角度研究体育彩票消费者区别于一般消费者的固有行为特征，从而为进一步研究体育彩票消费者行为的影响因素、深入剖析其行为动机打下理论基础。

2.1 直觉偏差特征

消费者在购买体育彩票时，通常凭借自己的内在直觉或者根据之前自己和他人的购买经验选择相应的号码与对应的投注方式，而不是按照理论对购买特定号码的体育彩票采取一系列理性的概率统计分析。消费者寻求简单的方式，根据有限的直觉化原则采取措施，而非遵循概率论原理和贝叶斯准则。这种采用自身直觉的方式虽然可以缩短决策时间和一定程度上提高决策效率，但很大概率会形成认知上的偏差。在购买体育彩票进行博彩的过程中，在特定条件下，消费者购买体育彩票的决策过程是融合情感、偏好等非理性、非逻辑性因素的复杂的认知过程。由此可知，消费者进行体育彩票投注的过程是需要高度发挥主观能动性的一个心理认知过程，同时这种心理认知过程很容易产生认知偏差，从而导致最终的决策出现偏差。尽管体育彩票消费者已知道体育彩票的中奖号码是随机产生的，根本没有规律可循，但外在的体育彩票信息的误导性宣传，以及消费者自身的中大奖的心态，使得很多体育彩票消费者产生认知上的偏差。尤其是在体育彩票消费者所投注的号码与中奖号码接近时，这种差点能赢的情境更能刺激体育彩票消费者的过度自信心理。直觉偏差(Intuition Bias)主要分为代表性直觉偏差、易得性直觉偏差和锚定直觉偏差。

2.1.1 代表性直觉偏差

代表性启发是指生活中消费者往往依据自己的先前经验所掌握的某些事物的代表性特征进行推断，而不考虑先验概率的影响[62]。消费者在购买体育彩票时通常依据其所具备的典型特征，比如根据某球队在以往比赛中的变现程度与比例进行相应的投注，这些典型特征就被称为“代表性特征”，消费者的这类直觉偏差就被称为代表性偏差。这种偏差是指因事物存在不确定性，消费者会依据以往传统或相似情况，在统计相关概率时通过以往经验来判断事件发生的概率，高度强调典型特征的重要性，不顾其他相关潜在因素而做出决策所产生的偏差。体育彩票消费者在博彩过程中大多过分关注其存在的某些典型特征，忽略其他不易察觉的影响因素，从而造成后续的决策偏差。

2.1.2 易得性直觉偏差

在博彩的过程中，由于相关媒体传播以及彩票机构过分强调宣传奖金与中奖人数，忽略中奖的小概率事实，体育彩票消费者对中奖概率的评估产生很大的偏差，认为中奖很容易，因而产生易得性直觉偏差。在博彩的现实过程中，体育彩票消费者比较容易受到有些媒体与彩票机构的宣传影响(如中大奖)而忽略购买体育彩票过程中不明显的特征，如中奖概率等，从而产生易得性直觉偏差。此外，体育彩票消费者过度自信的心理特征也会造成博彩失误行为，他们往往高估自己的判断能力，认为自己的能力、技术比其他人更好，对中大奖的机会有着不切实际的乐观精神。

2.1.3 锚定直觉偏差

体育彩票消费者通常根据之前的购买经验或者对比走势图进行相应的投注，这类行为叫作锚定效应。锚定效应通常指个体以一个初始值为依据，然后进行逐步调整，以形成理想的判断。决策者将以往的经验作为参考，这种方式能提高决策效率但也会产生认知偏差。因为锚定效应会使博彩者在进行决策时更看重表面现象，而看不到更大的背景，从而产生认知偏差。

2.2　心理账户特征

目前，心理账户主要有两种定义，一种是基维茨(Kivetz)的观点，他认为心理账户是人们根据财富的来源不同而对其进行编码和归纳的心理工程；另一种是塞勒(Thaler)的观点，他认为心理账户是指投资者趋向于将不同的收益或损失划分在不同的心理间隔性账户上，并根据不同的心理账户进行决策。基维茨的定义体现出心理账户的记账方式和运算规则存在不同，表明人们在编码和分类过程中对“重要性一非重要性”这一维度进行考虑，从而产生违背理性的行为。

比如，基维茨根据来源不同将心理账户分为“固定收入”和“意外横财”。非替代性是心理账户的最本质特征，这一特征使人们产生了“此钱非彼钱”的认知错觉，导致了一系列非理性的经济决策行为。在博彩中，人们会将获利存入“意外横财”账户中，与工作获得的钱财不同，这笔钱财可以被随便支配。因此，这种心理现象极为常见，博彩产生的利益全部输掉也没事，但工作得来的钱输掉会很难过。

心理账户原理可以很好地解释“货币覆盖效应”。塞勒等人提出货币覆盖效应，即在某些情况下，前次利得会增加个人参加博彩的意愿。若博彩者在前一次投注中获利，那么他很容易且很有意愿进行再一次的投注。因为他们会有将之前的获利作为此次投注成本的心理，减少损失的心理压力。即使此次投注将之前的获利全部输光，他之前获利的情绪也不会受到此次损失的影响。

2.3　沉没成本效应特征

沉没成本谬误(Sunk Cost Fallacy)指的是消费者对已经付出且不可收回的支出存有“浪费”的担忧害怕。早在1985年，鲁宾等学者通过实验证明了体育彩票消费者市场的沉没成本的存在。由于博彩者持有赢回钱财的心理，他们大多认为若放弃此次投注，那之前累积的投入就是一笔很大的损失，这一表现称为沉没成本效应。沉没成本是指以往发生且无法收回的那部分支出，对应的沉没成本效应主要表现为对以前的一系列投入进行持续追加的行为。沉没成本效应可以解释许多实际行为的发生，比如有些博彩者会持续买同一组号码，因为害怕浪费之前所投注的钱而不愿意改变自己的投注号码。这一类行为的发生主要是因为他们担心错过潜在的中奖机会,或者不愿看到因为一次没买这组号码而错过中奖,所以他们在主观上会有所考虑。

因此,购买体育彩票的消费者不想浪费之前的投入,所以在主观上会产生规避浪费的想法。

2.4 情绪与自我控制偏差特征

博彩者产生认知偏差这一行为通常是各种情绪性和自我控制因素共同造成的结果。其中,熟悉偏好和感情冲动是两种典型的情绪和自我控制偏差表现。在体育彩票消费市场,很多体育彩票消费者对自己熟悉的事物具有强烈的投资偏好;由于有中大奖以及一夜暴富等心态,往往存在冲动博彩行为。

2.4.1 熟悉偏好

熟悉偏好指的是人们在对存在不确定性的事情进行决策的时候,对熟悉的情况产生过度偏好,是相对于不确定规避而言的。一般分为两种情况:一是博彩者根据自己相关的背景知识采取相应投注行为,即博彩者通常对自己所了解的队伍下注。二是博彩者通常对自己主场的球队进行下注,即使在两者的概率相同的情况下。上述情况表明博彩者对熟悉因素所表现的偏好对其体育彩票的投注行为会产生一定的影响。

2.4.2 感情冲动投注

在体育彩票消费过程中很容易产生感情冲动现象,而这种现象通常受到社会和家庭等各方面因素的制约。美国的一项调查显示,年收入不足一万美元的人群中有 20%的人购买彩票花费高达 1 693 美元,而他们的平均花费约 380 美元。这表明穷人更容易产生感情冲动行为,博彩行为在教育程度较低的人群中所占的比例比在高收入和教育背景良好的人群中要高。此外,心情、天气也会对博彩行为产生一定的影响,如果体育彩票消费者心情较好,那么他会对自己购买的体育彩票持乐观态度。

第三章

基于问卷调查的体育彩票消费者行为影响因素分析

通过前文研究,我们发现体育彩票作为一种特殊的消费产品,其消费者行为具有一般消费者的公共属性,但也存在直觉偏差、心理账户、沉没成本效应、情绪与自我控制偏差等消费者特殊行为特征。彩票消费者行为是区别于一般产品消费者的特殊行为,描述这种行为特征需要进行消费者的样本调查,需要从定量的角度去研究彩票消费者的性别、年龄、婚姻状况、职业,以及购买动机、涉入程度等因素对体育彩票消费者行为的影响,从而为后文彩票市场的价格问题研究打下基础。

3.1 体育彩票消费者行为的问卷调查

3.1.1 样本抽样

1. 界定样本

本研究的样本为全国登记合格的体育彩票经销商店内实际有购买行为的体育彩票消费者,针对全国 20 个城市经销商中的体育彩票消费者进行调查。

2. 确定抽样分布和样本

各个城市经销商抽样数量如表 3-1 所示。

由于每个城市网点众多,随机从 20 个城市中选取网点,每个城市 3 个,对体育彩票消费者采取随机抽样方式进行问卷调查,在每个网点发放 10 份问卷,预计发放问卷 600 份,视回收情况增加抽样数量。

表 3-1　城市体育彩票经销商抽样数量表

序号	城市	抽样网点数量(个)	每个网点发放问卷数量(份)
1	南京	3	10
2	苏州	3	10
3	无锡	3	10
4	上海	3	10
5	杭州	3	10
6	宁波	3	10
7	温州	3	10
8	厦门	3	10
9	广州	3	10
10	深圳	3	10
11	南昌	3	10
12	南宁	3	10
13	哈尔滨	3	10
14	大连	3	10
15	济南	3	10
16	西安	3	10
17	成都	3	10
18	重庆	3	10
19	武汉	3	10
20	长沙	3	10

3. 问卷发放与回收

抽样日期:2015 年 8 月 10 日至 2015 年 9 月 10 日。

由研究人员详细说明研究动机并指导各体育彩票经销商负责人填写问卷的方式,请经销商协助发放问卷,并赠送小礼物,以提高答题意愿;再让各经销商负责人协助受访者填写问卷,最后从 60 家经销商回收问卷 506 份,问卷回收率为 84.3%,有效问卷 496 份,问卷有效回收率 82.7%,其抽取数量及回收问卷数量整理见表 3-2。

表 3-2　体育彩票经销商抽样数量及回收问卷数量整理表①

序号	城市	抽样网点数量(个)	每个网点发放问卷数量(份)	样本抽样数量(份)	有效问卷数量(份)	占有效问卷比例(%)
1	南京	3	10	30	28	5.65
2	苏州	3	10	30	27	5.44
3	无锡	3	10	30	21	4.23
4	上海	3	10	30	23	4.64
5	杭州	3	10	30	25	5.04
6	宁波	3	10	30	23	4.64
7	温州	3	10	30	26	5.24
8	厦门	3	10	30	23	4.64
9	广州	3	10	30	27	5.44
10	深圳	3	10	30	24	4.84
11	南昌	3	10	30	24	4.84
12	南宁	3	10	30	26	5.24
13	哈尔滨	3	10	30	27	5.44
14	大连	3	10	30	23	4.64
15	济南	3	10	30	21	4.23
16	西安	3	10	30	25	5.04
17	成都	3	10	30	28	5.65
18	重庆	3	10	30	24	4.84
19	武汉	3	10	30	25	5.04
20	长沙	3	10	30	26	5.24

3.1.2　问卷设计

1. 问卷设计的理论基础

(1) 购买动机

动机(Motivation)是指引起个体活动,维持已引起的活动,并使该活动朝向

① 本书中数据四舍五入,取约数。

某一目标进行的一种内在历程。Mook[63]认为动机可以被视为一种个人内在的驱使力，这种驱使力促使个人采取行动。他也认为动机是一种引导个人活动朝向需求满足或目标达成的驱动力。Blackwell 等人[64]则认为行为是由动机所引发的，消费者动机是借由购买产品来满足消费者心理及生理需求的驱动力。

(2) 涉入程度

早期涉入程度研究大部分都与消费者及产品有关，研究者从国外相关文献发现，休闲领域在 1980 年后逐渐引起注意与兴趣，并持续发展[65]。Ragheb 指出，由涉入的角度观之，休闲活动的价值并非仅由行为层面的参与次数来显现，亦应考虑参与者的态度及心态[66]。Voelkl 和 Ellis 定义休闲涉入是指个体休闲活动时对行动与意识的感受程度，当人们投入喜好的休闲活动时，会感受到兴奋、狂热、不易受干扰、自由及专注等心理状态[67]。Havitz 与 Dimanche 的研究指出，休闲涉入是指对某一活动或相关产品所产生的一种无法察觉的动机、觉醒及重要性，是被特定的激励或情况所引发出的[68]。

2. 问卷结构设计

本研究根据以上理论基础的总结和专家学者意见，完成问卷编制。问卷内容涉及购买动机、涉入程度、消费行为与基本资料四个部分(表 3-3)。

表 3-3　调查问卷一览表

问卷项目	内容
购买动机	体育发展、支持公益、经济收益、运动热爱、休闲娱乐、服务质量
涉入程度	重要性、愉悦价值、象征性、风险意识
消费行为	购买频率、购买时段、购买金额、投注项目、资讯来源、投注渠道
基本资料	性别、年龄、教育程度、婚姻状况、职业、平均月收入、观赏体育赛事频率

(1) 体育彩票消费者购买动机量表

本研究参考近年来体育彩票购买意愿的相关文献，将消费者购买动机因素分为体育发展、支持公益、经济收益、运动热爱、休闲娱乐、服务质量等六项题目，采用李克特五点量表，以“非常同意”“同意”“一般”“不同意”“非常不同意”区分为五个尺度，分别给予 5 分到 1 分，作为评估分析的依据，共计 27 题，如表 3-4 所示。

表 3-4　体育彩票消费者购买动机量表

变量	题项
体育发展	1.体育彩票可以提升我国体育的发展(如培养体育人才、建设体育设施、发展体育运动)
	2.体育彩票可以间接提升我国的运动水平
	3.体育彩票是我国体育事业发展重要的经济支柱
	4.发行体育彩票对地下六合彩有抑制作用
支持公益	5.希望彩票盈余能够支持退役选手转业
	6.希望彩票盈余能够用于举办国际国内大型比赛
	7.希望彩票盈余能够用于维修和新增体育设施供一般公众使用
	8.希望彩票盈余能够分配给其他公益事业
	9.会因为资金分配是否公开透明而考虑是否继续购买
经济收益	10.购买彩票可以增加个人收入
	11.购买彩票可以让我有类似赌博行为的体验
	12.购买彩票可以比地下彩票获利更多
	13.购买彩票相对于地下彩票风险较低
	14.购买彩票可以实现发财的梦想
运动热爱	15.我平时有固定收看运动相关节目的习惯
	16.我平时有观赏球类比赛的习惯
	17.我平时有固定的运动习惯
	18.体育彩票若造成运动员舞弊行为,会让我不愿意购买体育彩票
休闲娱乐	19.购买体育彩票是一种娱乐性休闲活动
	20.购买体育彩票可以让我有享受获胜的喜悦
	21.购买体育彩票是个人兴趣所致
	22.购买体育彩票可以为生活带来乐趣
服务质量	23.现行的体育彩票网点足够
	24.会考虑使用虚拟投注途径(电话、网络)
	25.运动彩票现行投注方式简单易懂
	26.会因经销商服务品质优良而购买体育彩票
	27.相对于地下彩票,体育彩票较容易购买

(2) 体育彩票消费者涉入程度量表

相关社会心理涉入程度量表的研究，将消费者涉入程度因素分为“重要性”、“愉悦价值”、“自我爱好”及“风险认知”等四项子题，采用李克特五点量表，每题以“非常同意”“同意”“一般”“不同意”“非常不同意”区分为五个尺度，分别给予5分到1分，共计16题，如表3-5所示。

表3-5　体育彩票消费者涉入程度量表

潜在变量	题项
重要性	1. 参与体育彩票对我来说是很重要的
	2. 参与体育彩票对我来说是有意义的活动
	3. 平常没有投注体育彩票时我也会到投注站走走
	4. 我认为利用闲暇时间参与体育彩票是值得的
	5. 参与体育彩票已经成为我生活的一部分
愉悦价值	6. 对我来说参与体育彩票就是一件幸福的事
	7. 对我来说参与体育彩票是一件有趣的事情
	8. 参与体育彩票时，我会保持愉快的心情
自我爱好	9. 平常我喜欢和朋友聊关于体育彩票的事情
	10. 我喜欢体育彩票胜过其他休闲活动
	11. 我会花时间在研究体育彩票的投注技巧上
	12. 我会注意任何关于体育彩票的消息
	13. 预测选择赛事可以显现我的个人风格
风险认知	14. 我会谨慎选择体育彩票并投注标的
	15. 在参与体育彩票后发现投注错误我会感到沮丧
	16. 如果我投注不适当的赛事，则是一件严重的事

(3) 体育彩票消费者的消费行为

包含六个子题，分别针对受访者购买体育彩票的相关消费行为。六个子题分别为购买频率、购买时段、购买金额、投注项目、资讯来源、投注途径。

(4) 体育彩票消费者的基本资料

主要包括性别、年龄、教育程度、婚姻状况、职业、平均月收入、观赏体育赛事频率等。

3.1.3　预设问卷

在制作和修订预设问卷时，本书从研究目的、相关文献数据与研究结构等方面加以考虑。

1. 预设问卷发放与回收

预设问卷编拟完成后，需要进行预试，预试对象的性质应与将来正式问卷要抽取的对象相同。预试时选取样本数以多大为宜，应考虑问卷量表是否进行因素分析，以较大样本分析所呈现的因素组型比一个只用较小样本所呈现的因素组型要稳定。

2011 年 7 月 10 日至 2011 年 7 月 30 日，研究人员在全国 10 个体育彩票网点发放了 100 份预设问卷，回收 90 份，有效问卷 79 份，有效回收率为 79%（表 3-6）。

问卷回收之后，一份份检查筛选，对于数据不全的问卷，应考虑将之删除；对于填答同一答案者，应考虑问卷题项本身的内容与描述，审慎判断。筛选完后的问卷应加以编号，以便将来核对数据之用；之后再给予各变量、各题项一个不同代码，就问卷内容输入电子表格。

表 3-6　预设样本问卷回收整理表

所在城市	抽样网点数量（个）	每个网点发放问卷数量（份）	样本抽样数量（份）	有效问卷数量（份）	占有效问卷比例（%）
南京	2	10	20	16	20.3
苏州	2	10	20	17	21.5
无锡	2	10	20	16	20.3
上海	2	10	20	15	19.0
杭州	2	10	20	15	19.0

2. 预设样本项目分析和信度分析

项目分析即求出每一题项的“临界比率”（Critical Ratio，CR），其求法是将所有受试者在预试量表的得分总和按高低排列，得分前 25%至 33%者为高分组，得分后 25%至 33%者为低分组，求出高低二组受试者每题得分的平均数差异（多数据分析时，均以测验总分最高的 27%及最低的 27%作为高低分组界限）。如果题项的 CR 值达到显著性水平（$\alpha<0.05$ 或者 $\alpha<0.01$），即表示这个题项能鉴别不同受试者的反应程度；如果不显著，则要考虑是否删除该题项。

所谓信度（Reliablity），就是量表的可靠性或稳定性，在态度量表法中常用的检验信度的方法为克朗巴哈（L. J. Cronbach）所创的 α 系数。α 系数值介于 0.65～0.70 之间是最小可接受值，α 系数值介于 0.70～0.80 之间为相当好，α 系数值介于 0.80～0.90 之间为非常好。

（1）购买动机量表

本研究将购买动机量表各题项进行项目分析，考量各题项的 CR 值、相关系数，其中第 9、11、16 三题的两项指标都明显偏低，与专家学者讨论后决定予以删除。正式量表共计 24 题，删题后量表的 Cronbach's α 值为 0.897，总解释量为 71.4%，具有良好信度，项目分析详细结果如表 3-7 所示。

表 3-7　预设样本项目分析表（购买动机量表）

变量	题项	CR 值	相关系数
体育发展	1. 体育彩票可以提升我国体育的发展（如培养体育人才、建设体育设施、发展体育运动）	−3.93*	0.41
	2. 体育彩票可以间接提升我国的运动水平	−3.54*	0.63
	3. 体育彩票是我国体育事业发展重要的经济支柱	−5.81*	0.56
	4. 发行体育彩票对地下六合彩有抑制作用	−2.29*	0.29
支持公益	5. 希望彩票盈余能够支持退役选手转业	−4.12*	0.31
	6. 希望彩票盈余能够用于举办国际国内大型比赛	−4.27*	0.44
	7. 希望彩票盈余能够用于维修和新增体育设施供一般公众使用	−2.60*	0.56
	8. 希望彩票盈余能够分配给其他公益事业	−4.34*	0.45
	9. 会因为资金分配是否公开透明而考虑是否继续购买	−1.10	0.18
经济收益	10. 购买彩票可以增加个人收入	−2.20*	0.44
	11. 购买彩票可以让我有类似赌博行为的体验	−1.25	0.14
	12. 购买彩票可以比地下彩票获利更多	−3.82*	0.45
	13. 购买彩票相对于地下彩票风险较低	−3.16*	0.56
	14. 购买彩票可以实现发财的梦想	−3.59*	0.48

续表

变量	题项	CR值	相关系数
运动热爱	15. 我平时有固定收看运动相关节目的习惯	−3.72*	0.49
	16. 我平时有观赏球类比赛的习惯	−1.72	0.22
	17. 我平时有固定运动的习惯	−0.32*	0.29
	18. 体育彩票若造成运动员舞弊行为，会让我不愿意购买体育彩票	−3.27*	0.40
休闲娱乐	19. 购买体育彩票是一种娱乐性休闲活动	−3.89*	0.43
	20. 购买体育彩票可以让我有享受获胜的喜悦	−3.48*	0.40
	21. 购买体育彩票是个人兴趣所致	−2.79*	0.29
	22. 购买体育彩票可以为生活带来乐趣	−5.49*	0.48
服务质量	23. 现行的体育彩票网点足够	−4.10*	0.42
	24. 会考虑使用虚拟投注途径(电话、网络)	−4.39*	0.50
	25. 运动彩票现行投注方式简单易懂	−3.10	0.39
	26. 会因经销商服务品质优良而购买体育彩票	−3.58*	0.58
	27. 相对于地下彩票，体育彩票较容易购买	−4.49*	0.46

注：* $P<0.05$

（2）涉入程度量表

本研究将涉入程度量表各题项进行项目分析，考量各题项的CR值、相关系数及因素负荷量，再与专家学者讨论后，决定保留全部题项。正式量表共16题，量表的Cronbach's α 值为0.921，总解释量73.5%，具有良好信度，项目分析详细结果如表3-8所示。

表3-8　预设样本项目分析表(涉入程度量表)

潜在变量	题项	CR值	相关系数
重要性	1. 参与体育彩票对我来说是很重要的	−6.63*	0.62
	2. 参与体育彩票对我来说是有意义的活动	−7.01*	0.79
	3. 平常没有投注体育彩票时我也会到投注站走走	−5.40*	0.50
	4. 我认为利用闲暇时间参与体育彩票是值得的	−10.12*	0.80
	5. 参与体育彩票已经成为我生活的一部分	−5.89*	0.65

续表

潜在变量	题项	CR值	相关系数
愉悦价值	6. 对我来说参与体育彩票就是一件幸福的事	−9.09*	0.64
	7. 对我来说参与体育彩票是一件有趣的事情	−8.64*	0.74
	8. 参与体育彩票时，我会保持愉快的心情	−6.82*	0.61
自我爱好	9. 平常我喜欢和朋友聊关于体育彩票的事情	−4.92*	0.58
	10. 我喜欢体育彩票胜过其他休闲活动	−5.15*	0.57
	11. 我会花时间在研究体育彩票的投注技巧上	−4.19*	0.48
	12. 我会注意任何关于体育彩票的消息	−6.11*	0.68
	13. 预测选择赛事可以显现我的个人风格	−5.99*	0.59
风险认知	14. 我会谨慎选择体育彩票并投注标的	−5.75*	0.64
	15. 在参与体育彩票后发现投注错误我会感到沮丧	−3.65*	0.29
	16. 如果我投注不适当的赛事，则是一件严重的事	−2.44*	0.26

注：* $P<0.05$

3.2 大样本数据人群基本情况描述统计

本研究基于项目分析和信度分析的相关结果，对预设问卷进行相应的删减修改，形成正式问卷，于2011年8月10日至9月10日期间进行问卷发放，请体育彩票经销商协助发放，并提供小礼物以提高问卷回收率。

本节旨在分析中国体育彩票消费者的基本状况，包括性别、年龄、教育程度、婚姻状况、职业、收入水平、观赏体育赛事频率等。

1. 性别

表3-9显示，中国体育彩票消费者中男性占78.0%，女性只占了22.0%，与王爱丰等人的研究结果“男性占63.1%，女性占36.6%”相比，男性消费者占比增加、女性消费者占比减少[12]。目前，实体体育彩票经销商为开放式空间，而体育彩票含有博弈色彩，在传统观念包袱下，女性消费者并不热衷于参与实体经销商的投注活动。因为男性的冒险性、冲动性和好奇性与女性相比更加明显和强烈，所以他们更加愿意参与这种博弈游戏。此外，体育彩票消费者在购买特定彩

票时，最好先了解相关的专业知识，比如购买足球体育彩票时就需要了解相应的比赛规则以及成员情况，这也导致了购买此类彩票的男性数量远远大于女性。

表 3-9　体育彩票消费者性别统计表

项目	组别	人数(人)	百分比(%)
性别	男	375	78.0
	女	106	22.0

2. 年龄

表 3-10 显示，体育彩票消费者的年龄分布在“26～30 岁”的最多，有 112 人，占 23.3%；其次为“21～25 岁”，有 106 人，占 22.0%；“31～35 岁”有 79 人，占 16.4%；“36～40 岁”有 59 人，占 12.3%，因此可知“21～40 岁”为主要消费人群，共有 356 人，占 74.0%，此结果与王爱丰等人的研究结果相符合，由此可知购买体育彩票的消费群以“21～40 岁”青壮年消费群体为主。这一现象的产生可能与年轻人心理有密切的关系，他们好奇心强，充满朝气与活力，而且更热爱体育运动，所以不存在专业知识上面的障碍。这一年龄段的体育彩票消费者绝大部分都有较为稳定的经济收入来源，有消费彩票的经济基础，尤其是“26～30 岁”的人群。老年人的思想趋于保守，追求稳定，不购买体育彩票也合乎情理。

表 3-10　体育彩票消费者年龄统计表

项目	组别	人数(人)	百分比(%)
年龄	20 岁及以下	30	6.2
	21～25 岁	106	22.0
	26～30 岁	112	23.3
	31～35 岁	79	16.4
	36～40 岁	59	12.3
	41～45 岁	38	7.9
	46～50 岁	32	6.7
	51 岁及以上	25	5.2

3. 教育程度

表 3-11 显示，购买体育彩票的消费者中，高中(职高、中专)文化程度的有 158 人，占 32.848%；受过高等教育的大专以上学历的人数占 36.591%；初中及

以下文化程度的人数占总数的 30.561%。由此可见，高中文化及以下人群占 63.409%，大部分体育彩票消费者的学历层次并不高。究其原因，可能是受教育程度不高的人对体育彩票是一种博弈游戏的本质了解不深，而且其收入也不高，大多抱有想通过运气致富的心理。

表 3-11　体育彩票消费者教育程度统计表

项目	组别	人数(人)	百分比(%)
教育程度	小学	37	7.692
	初中	110	22.869
	高中(职高、中专)	158	32.848
	专科	78	16.216
	本科	55	11.435
	研究生及以上	43	8.940

4. 婚姻状况

表 3-12 显示，体育彩票消费者的婚姻状况以“未婚”(285 人)为最多，占 59.3%，显然未婚人群是体育彩票的主要消费者。主要是因为其经济压力不大，没有抚养家人的压力，个人消费比较自由。已婚无子女的比例也较高，占到 21.4%。

表 3-12　体育彩票消费者婚姻状况统计表

项目	组别	人数(人)	百分比(%)
婚姻状况	未婚	285	59.3
	已婚，无子女	103	21.4
	已婚，有子女	67	13.9
	其他	26	5.4

5. 职业

如表 3-13 所示，购买体育彩票的消费者中工人占了很高的比例，占 25.156%；其次为学生，占 15.800%；自由职业者和农民分别占 12.058%和 13.514%；军人、医务工作者、教育科研工作者所占比例各只有 5%左右。可见购买彩票的人群以低收入人群为主。收入较低，社会保障不健全，想通过投机改善自身经济状况所占比重较大，这和体育彩票的福利性质是相悖的。

表 3-13　体育彩票消费者职业统计表

项目	组别	人数(人)	百分比(%)
职业	学生	76	15.800
	军人	23	4.782
	工人	121	25.156
	教育科研工作者	25	5.198
	公务员	34	7.069
	医务工作者	26	5.405
	自由职业者	58	12.058
	农民	65	13.514
	无业	32	6.653
	其他	21	4.366

6. 收入水平

从表 3-14 可以看出：体育彩票消费者中平均月收入为 1 000～2 000 元的人数最多，为 123 人，占 25.572%，而收入 2 000 元以下的人群占到了 66.320%，说明体育彩票购买者以低收入者居多，随着个人收入增长，购买体育彩票人数呈现下降趋势，这个结果和其他商品消费是不同的。由此反映出，试图以较低的投入获得巨额财富是有些低收入的社会群体和弱势群体所梦寐以求的东西。

表 3-14　体育彩票消费者平均每月收入统计表

项目	组别	人数(人)	百分比(%)
收入水平(平均每月收入)	500 元以下	91	18.919
	500～1 000 元	105	21.830
	1 000～2 000 元	123	25.572
	2 000～3 000 元	65	13.514
	3 000～4 000 元	38	7.900
	4 000～5 000 元	32	6.653
	5 000 元以上	27	5.613

7. 观赏体育赛事频率

表 3-15 显示，体育彩票消费者中“每天”观赏体育赛事的人数共 224 人，占 46.570％；每周“少于 1 天”的比例只占 4.782％；每周有 5 天以上观看体育赛事的占69.647％。由此可推论大部分体育彩票消费者平日都有观看体育赛事及了解相关资讯的习惯，同时观看体育赛事是购买体育彩票的必备要素。

表 3-15　体育彩票消费者观赏体育赛事频率统计表

项目	组别	人数(人)	百分比(％)
观赏体育赛事频率	每天	224	46.570
	5～6 天/周	111	23.077
	3～4 天/周	67	13.929
	1～2 天/周	56	11.642
	少于 1 天/周	23	4.782

8. 大样本数据描述小结

本研究结果发现，体育彩票消费者以男性、21～40 岁、高中及以下学历、未婚、每月收入 2 000 元以下的工人为主，平日对于运动赛事及相关资讯十分关注，且大部分消费者每天都有观赏运动赛事转播或了解相关新闻资讯的习惯。

3.3　购买动机、涉入程度与消费行为的样本分析

本节的分析主要是为了了解体育彩票消费者的购买动机、涉入程度及消费行为现况。购买动机部分先以描述性统计整理分析，再利用因素分析区分主要因素构念；涉入程度以因素分析区分主要因素构念，并进一步透过聚类分析将涉入程度构念加以聚类，以更深入了解不同聚类体育彩票消费者的涉入程度特性，最后再将各聚类进行区别分析以锁定分群的区隔效果；消费行为则以描述性统计进行整理分析。

3.3.1　购买动机分析

1. 描述性统计

表 3-16 显示的是体育彩票消费者对购买动机各题项认同的程度，平均数最高的两题分别为“希望彩票盈余能够用于维修和新增体育设施供一般公众使

用”，以及“希望彩票盈余能够用于举办国际国内大型比赛”。以此可推测消费者期待体育彩票盈余能直接带给民众在运动休闲相关硬件设施及举办大型运动赛事等方面实质的回馈方式，毕竟实体的设备及活动举办能直接让民众感受及参与，进而引起购买体育彩票的动机。因此在体育彩票盈余分配政策上，相关单位应将实质回馈的概念纳入参考。另外“体育彩票若造成运动员舞弊行为，会让我不愿意购买体育彩票”题项的平均数也达到4，可见消费者非常在意足球打假球等舞弊事件。因此如何防治体育彩票造成运动员舞弊行为，将是体育彩票未来发展须先解决的问题。至于最低分的三个题目分别是“购买彩票可以比地下彩票获利更多”、“购买彩票可以实现发财的梦想”与“购买彩票可以增加个人收入”，再对比“购买体育彩票是一种娱乐性休闲活动”题项的高认同度，可知大多数体育彩票消费者认为购买体育彩票是为了休闲娱乐而非赚大钱，因此未来在营销策略发展上，应多考量休闲活动参与者的相关特性。

表3-16 购买动机描述性统计表

题项	平均数	标准差	排序
希望彩票盈余能够用于维修和新增体育设施供一般公众使用	4.13	0.89	1
希望彩票盈余能够用于举办国际国内大型比赛	4.11	0.87	2
希望彩票盈余能够用于培训优秀体育选手	4.01	0.93	3
体育彩票若造成运动员舞弊行为，会让我不愿意购买体育彩票	4.00	1.02	4
购买体育彩票是一种娱乐性休闲活动	3.98	0.73	5
购买体育彩票是个人兴趣所致	3.98	0.73	6
购买体育彩票可以让我有享受获胜的喜悦	3.93	0.78	7
会因经销商服务品质优良而购买体育彩票	3.91	0.79	8
希望彩票盈余能够支持退役选手转业	3.89	0.88	9
购买体育彩票可以为生活带来乐趣	3.82	0.81	10
购买体育彩票是因为我平时有固定收看运动相关节目的习惯	3.81	0.92	11
相对于地下彩票，体育彩票较容易购买	3.75	0.93	12
购买彩票相对于地下彩票风险较低	3.73	1.01	13
体育彩票可以提升我国体育的发展（如培养体育人才、建设体育设施、发展体育运动）	3.72	1.05	14
购买彩票是因为我热爱体育运动	3.66	0.94	15
会因为经销商店内装潢环境好而去购买体育彩票	3.64	0.84	16

续表

题项	平均数	标准差	排序
体育彩票是我国体育事业发展重要的经济支柱	3.63	1.01	17
现行的体育彩票网点足够	3.62	0.94	18
运动彩票现行投注方式简单易懂	3.54	0.92	19
体育彩票可以间接提升我国的运动水平	3.40	1.09	20
发行体育彩票对地下六合彩有抑制作用	3.20	1.32	21
购买彩票可以增加个人收入	3.19	1.06	22
购买彩票可以实现发财的梦想	2.91	1.20	23
购买彩票可以比地下彩票获利更多	2.73	1.32	24

2. 因素分析

体育彩票消费者购买动机量表的Cronbach's α 值为0.897，具有良好信度，将变数以取样适切性量数检验其KMO(Kaiser-Meyer-Olkin)度量值为0.887。经由巴特利特(Bartlett)球形检验，其近似卡方分配值为4 871.62，自由度为276，达到显著水平。

利用因素分析中的主成分分析法(Principal Component Analysis)抽取因素，再利用最大变异法(Varimax Rotation)进行正交转轴处理，选取因素负荷量达0.50以上的变数，共提取出六个主成分因素，各因素的负荷量如表3-17所示。至于特征值、解释变异量及累积解释变异量方面，六个因素特征值皆在1.09及以上，累积解释变异量为66.90%。各因素解释变异量如表3-18所示。

表3-17　体育彩票消费者购买动机负荷量表

因素	题项	负荷量
因素一	会因经销商服务品质优良而购买体育彩票	0.65
	现行的体育彩票网点足够	0.64
	购买体育彩票可以为生活带来乐趣	0.63
	运动彩票现行投注方式简单易懂	0.60
	购买体育彩票是个人兴趣所致	0.59
	购买体育彩票是一种娱乐性休闲活动	0.58
	会因为经销商店内装潢环境好而去购买体育彩票	0.55

续表

因素	题项	负荷量
因素二	希望彩票盈余能够用于举办国际国内大型比赛	0.85
	希望彩票盈余能够用于维修和新增体育设施供一般公众使用	0.82
	希望彩票盈余能够用于培训优秀体育选手	0.81
	希望彩票盈余能够支持退役选手转业	0.77
因素三	购买彩票是因为我平时有固定收看运动相关节目的习惯	0.80
	购买彩票是因为我热爱体育运动	0.78
	购买体育彩票可以让我有享受获胜的喜悦	0.54
因素四	体育彩票可以间接提升我国的运动水平	0.83
	体育彩票可以提升我国体育的发展(如培养体育人才、建设体育设施、发展体育运动)	0.81
	体育彩票是我国体育事业发展重要的经济支柱	0.74
	发行体育彩票对地下六合彩有抑制作用	0.50
因素五	购买彩票可以实现发财的梦想	0.82
	购买彩票可以比地下彩票获利更多	0.75
	购买彩票可以增加个人收入	0.72
因素六	相对于地下彩票,体育彩票较容易购买	0.73
	体育彩票若造成运动员舞弊行为,会让我不愿意购买体育彩票	0.70
	购买彩票相对于地下彩票风险较低	0.56

表 3-18　购买动机主成分特征值、解释变异量及累积解释变异量表

成分	特征值	解释变异量(%)	累积解释变异量(%)
因素一	8.04	33.50	33.50
因素二	2.51	10.44	43.94
因素三	1.70	7.10	51.04
因素四	1.43	5.98	57.02
因素五	1.28	5.33	62.34
因素六	1.09	4.55	66.90

经由因素分析抽取出六个构念，对购买动机因素的命名叙述如下。

(1) 休闲方式

本因素包含7个题项，因素特征值为8.04，解释变异量为33.50%。题项内容主要表达消费者借由参与体育彩票而达到休闲娱乐的目的，其中包含店家服务质量高、玩法简单等特征，因此将本因素命名为“休闲方式”。

(2) 盈余分配

本因素包含4个题项，因素特征值为2.51，解释变异量为10.44%。题项内容主要与消费者期待体育彩票盈余分配的用途有关，因此将本因素命名为“盈余分配”。

(3) 热爱运动

本因素包含3个题项，因素特征值为1.70，解释变异量为7.10%。题项内容主要针对消费者时常注意运动相关信息且热衷参与及享受运动等特征，因此将本因素命名为“热爱运动”。

(4) 体育发展

本因素包含4个题项，因素特征值为1.43，解释变异量5.98%。题项内容主要与体育彩票有助于国内体育事业发展及提升运动水平等特征有关，因此将本因素命名为“体育发展”。

(5) 经济利益

本因素包含3个题项，因素特征值为1.28，解释变异量为5.33%。题项内容主要表达消费者希望借由购买体育彩票而获利发财的想法，因此将本因素命名为“经济利益”。

(6) 降低风险

本因素包含3个题项，因素特征值为1.09，解释变异量为4.55%。题项内容主要针对消费者希望降低地下签注及运动员舞弊事件所产生的风险及疑虑，因此将本因素命名为“降低风险”。

纵观上述购买动机六大因素认同程度的平均数及标准偏差，可以发现“盈余分配”明显高于其他五个因素。这反映出大部分体育彩票消费者都相当关注盈余政策的方向。妥善运用基金回馈民众，或许能有效提升体育彩票的销售量。“降低风险”因素为第二高分，可见大多数消费者对于地下博弈的高风险性仍然相当在意，相关单位应与媒体合作加强宣传地下博弈存在的高风险，并会同公安部门加强取缔地下六合彩组织的力度，让地下六合彩的消费群转战风险较低的体育彩票市场，相信能增加体育彩票的消费人群。至于“经济利益”因素显著低于其他五个动机因素，检视其题项内容，正好与前述购买动机各题项的描述统计结果相同，可知大多数消费者并不认为购买体育彩票能为个人经济带来实质收益，也因此更突显体育彩票消费者购买动机并非是赚大钱。各因素详细资料如表 3-19 所示。

表 3-19　购买动机因素描述统计表

因素名称	平均数	标准差	排 序
休闲方式	3.79	0.58	4
盈余分配	4.04	0.78	1
热爱运动	3.81	0.74	3
体育发展	3.48	0.92	5
经济利益	2.91	0.96	6
降低风险	3.84	0.77	2

3.3.2　涉入程度分析

1. 因素分析

本研究体育彩票消费者涉入程度量表的 Cronbach's α 值为 0.912，具有良好信度，将变数以取样适切性量数检验其 KMO 值为 0.899，经由巴特利特(Bartlett)球形检验，其近似卡方分配值为 4 413.45，自由度为 131，达显著水平，表明本研究的涉入程度量表共计 16 题适合进行因素分析。利用因素分析中的主成分分析法抽取因素，再利用最大变异法进行正交转轴处理，选取因素负荷量达 0.50 以上的变数，共提取出两个主成分因素，各因素项目的负荷量如表 3-20 所示。

表 3-20　体育彩票消费者涉入程度因素负荷量表

项目	题项	负荷量
因素一	对我来说参与体育彩票就是一件幸福的事	0.81
	参与体育彩票对我来说是有意义的活动	0.80
	我认为利用闲暇时间参与体育彩票是值得的	0.79
	参与体育彩票对我来说是很重要的	0.77

续表

项目	题项	负荷量
因素一	参与体育彩票已经成为我生活的一部分	0.75
	我喜欢参与体育彩票胜过参与其他休闲活动	0.74
	对我来说参与体育彩票是一件很有趣的活动	0.73
	就算没参与体育彩票我也会到投注站走走	0.67
	平常我喜欢和朋友聊关于体育彩票的事情	0.61
	参与体育彩票时，我会保持愉快的心情	0.59
因素二	在参与体育彩票后发现投注错误我会感到沮丧	0.85
	我会谨慎选择体育彩票并投注标的	0.77
	如果我投注不适当的赛事，则是一件严重的事	0.75
	我会注意任何关于体育彩票的消息	0.61
	预测选择赛事可以显现我的个人风格	0.60
	我会花时间在研究体育彩票的投注技巧上	0.55

两个因素特征值皆在1.44及以上，累积解释变异量为62.64%，各因素解释变异量如表3-21所示。

表3-21 涉入程度主成分特征值、解释变异量及累积解释变异量表

成分	特征值	解释变异量(%)	累积解释变异量(%)
因素一	8.58	53.63	53.63
因素二	1.44	9.01	62.64

经由因素分析提取出两个构念，对涉入程度因素的命名叙述如下。

(1) 价值认知

本因素包含10个题项，因素特征值为8.58，解释变异量为53.63%。题项内容主要表达参与者对参与体育彩票这项休闲活动价值上的观念与感受，因此将本因素命名为“价值认知”。

(2) 风险认知

本因素包含6个题项，因素特征值为1.44，解释变异量为9.01%，题项内容主要关于参与者在参与体育彩票这项休闲活动时谨慎的评估与认真的态度，因此将本因素命名为“风险认知”。

如表 3-22 所示，从涉入程度两大因素认同程度的平均数及标准偏差可以看出，“风险认知”略高于“价值认知”。可知大部分的参与者较重视体育彩票投注的风险评估部分，其原因可能是体育彩票原本就属于竞技型彩票，与投注者自身相关知识及对比赛了解程度有关，所以活动本身的乐趣就在于对投注比赛胜负及分数的选择与评估。因此研究者认为，有关单位未来在区隔消费市场时，应针对不同族群提供不同难易度的玩法，以满足消费者参与的乐趣。

表 3-22 涉入程度因素描述统计表

因素名称	平均数	标准差	排序
价值认知	3.47	0.70	2
风险认知	3.63	−0.71	1

2. 聚类分析

根据因素分析结果，共提取出两个因素构念，分别为“价值认知”与“风险认知”，再进一步以聚类分析按照样本的特性相似之处，将样本划分成几个聚类，使同一聚类内的样本具有高度的同构性，而不同聚类的样本具有高度的异质性，了解不同聚类消费者的基本特征。

(1) 分析过程

本研究的聚类分析采用“两阶段法”。第一阶段使用层次聚类法来决定适合的聚类数，第二阶段使用非层次的聚类分析法(K-Means)进行涉入程度的聚类分析。分析结果显示，最适合聚类数为两群，第一群人数为 391 人(81.29%)，第二群人数为 90 人(18.71%)。

(2) 分析效果验证

为验证聚类分析效果的解释，本研究采用逐步判别分析进行验证，以判别函数进行预测分组与实际分组的比较，求得聚类分析的分类正确为 87.1%，判别函数的 Wilk's Lambda 值为 0.703，解释能达显著水平，表示聚类分析的效果稳定。分析结果如表 3-23 所示。

表 3-23　分析结果　　单位:人

		预测聚类		合计
		聚类一	聚类二	
实际聚类	聚类一	391	0	391
	聚类二	62	28	90

注:* $P<0.05$

Wilk's Lambda 值=0.703,卡方值=198.012*,分类正确率为 87.1%

87.1%=(391+28)/481

(3) 聚类命名与解释

经聚类分析后将全体样本区分为两个群体,比较两个群体中各因素构念的平均数,其所呈现的因素构念特性如表 3-24 所示。

表 3-24　涉入程度各聚类因素构念特性表

聚类因素构念	价值认知	风险认知
聚类一	高	高
聚类二	低	低

聚类一:高涉入群

聚类一在两个涉入程度因素构念上的平均数较高,可见此聚类在两个因素构念上均呈现较高程度,因此命名为"高涉入群"。

聚类二:低涉入群

聚类二在两个涉入程度因素构念上的平均数较低,显示此聚类在两个因素构念上皆呈现较低程度,因此命名为"低涉入群"。

3.3.3　消费行为分析

1. 购买频率

本研究采用单选题测试,目的在于了解体育彩票消费者购买体育彩票的频率。表 3-25 显示:购买频率以"每天"为最多,占 32.017%;其次分别为"3～6 次/周",占 28.274%,"1～3 次/周"占 23.285%,"少于 1 次/月"占 8.524%;最少的是"1～3 次/月",占 7.900%。可见三分之一的体育彩票消费者有每天购买体育彩票的习惯,因此采取加强消费者与投注站之间的互动和提高投注站服务质量这两个方面的营销策略,例如在投注站增加饮料供应及餐点贩卖以及进行大屏幕赛事转播,将可增加实体经销投注站的收入。

表 3-25 体育彩票消费者购买频率统计表

项目	组别	人数(人)	百分比(%)
购买频率	每天	154	32.017
	3～6 次/周	136	28.274
	1～3 次/周	112	23.285
	1～3 次/月	38	7.900
	少于 1 次/月	41	8.524

2. 购买金额

本研究采用单选题测试,旨在了解体育彩票消费者购买体育彩票的金额情况。表 3-26 显示:购买金额以“1～10 元”为最多,占 34.304%;其次为“10～20 元”,占 27.859%,“20～50 元”占 20.374%,“50～100 元”占 10.395%;最少的为“100 元以上”,占 7.069%。大多数消费者购买“1～10 元”的小额投注,这是因为体育彩票消费者较不认同“经济利益”因素,他们是以休闲娱乐的动机而非以赚钱为目的来参与购买体育彩票。

表 3-26 体育彩票消费者购买金额统计表

项目	组别	人数(人)	百分比(%)
购买金额	1～10 元	165	34.304
	10～20 元	134	27.859
	20～50 元	98	20.374
	50～100 元	50	10.395
	100 元以上	34	7.069

3. 媒体渠道

本项目采用单选题测试,旨在了解体育彩票消费者最常以何种媒体获取投注体育彩票的相关信息。表 3-27 显示:最多的是“报纸”,占 41.164%;其次是“电视”,占 33.888%,“网络”占 16.216%;最少的是“杂志”“其他”,各占 2.079%;“广播”占 4.574%。可见传统媒体占有主导地位,体育彩票中心可以考虑往新型媒体上投放宣传,有效推广体育彩票。

表 3-27　体育彩票消费者获取信息媒体渠道统计表

项目	组别	人数(人)	百分比(%)
媒体渠道	电视	163	33.888
	报纸	198	41.164
	杂志	10	2.079
	网络	78	16.216
	广播	22	4.574
	其他	10	2.079

第四章

基于结构方程的体育彩票消费者行为影响因素实证模型

4.1 结构方程建模简介

结构方程模型(Structural Equation Modeling, SEM)是应用线性方程系统来表示观测指标与潜在变量之间关系的一种统计方法。分为测量模型(Measure Model)和结构模型(Structural Model)两部分。测量模型由潜在变量(Latent Variable)与观察变量(Observed Variable,又称测量变量)组成。就数学定义而言,测量模型是一组观察变量的线性函数,观察变量有时又称为潜在变量的外显变量(Manifest Variable,也称显性变量)或测量指标(Measured Indicators)或指标变量。所谓观察变量是指由量表或问卷等测量工具所得的数据,潜在变量是观察变量间所形成的特质或抽象概念,此特质或抽象概念无法直接测量,而是通过观察变量测得的数据资料来反映。

测量模型在 SEM 中就是一般所谓的验证性因子分析(Confirmatory Factor Analysis, CFA)。验证性因子分析检验数个测量变量可以构成潜在变量的程度,即检验测量模型中的观察变量 X 与潜在变量 ξ 之间的因果模型是否与观察数据契合。在 SEM 中的变量又可以分为外因变量(或称外衍变量,Exogenous Variable)与内因变量(或称内衍变量,Endogenous Variable)。外因变量是指在模型中未受任何其他变量的影响,但它却直接影响别的变量的变量。外因变量在路径分析图中相当于自变量(Independent Variable)。内因变量是指在模型中会受到任意一个变量影响的变量。内因变量在路径分析图中相当于因变量(Dependent Variable)。

就潜在变量之间的关系而言,某一个因变量对别的变量而言,可能又是一个外因变量,这个潜在变量不仅受到外因变量的影响(此时变量属性为因变量),同时也可能对其他变量产生影响(此时变量属性为自变量),这种同时具有外因变量与内因变量属性的变量,称为中介变量(Mediator Variable)。

结构模型又可称为因果模型、潜在变量模型(Latent Variable Model)、线性结构关系(Linear Structural Relationship)。在 SEM 中,只有测量模型而无结构模型的回归关系,即为验证性因子分析;相反,只有结构模型而无测量模型,则潜在变量间的因果关系探讨相当于传统的路径分析(或称径路分析)(Path Analysis),其中的差别在于结构模型探讨潜在变量之间的因果关系,而路径分析直接探讨观察变量之间的因果关系。结构方程模型所导出的每个方程式称为结构方程式,此方程式很像多元回归中的回归方程。

$$Y_i = B_0 + B_1 X_{i1} + B_2 X_{i2} + \cdots + B_p X_{ip} + \varepsilon_i \qquad (4\text{-}1)$$

式中,ε_i 为残差,表示因变量无法被自变量解释的部分,测量结果即为测量误差,在结构模型中为干扰变因或残差项。

在结构模型中,外因潜在变量之间可以是无关联的,也可以是彼此之间有关联的,而外因潜在变量与内因潜在变量之间的关系必须是单方向的箭头,前者必须是"因"变量,后者为"果"变量,此单向箭头不能颠倒。一个广义的结构方程模型,包括数个测量模型及一个结构模型。

在 SEM 中,研究者依据理论文献或经验法则建立潜在变量与潜在变量间的回归关系,亦即确立潜在变量间的结构模型。同时,也要构建潜在变量与其测量指标间的反映关系,即建立各潜在变量与其观察指标间的测量模型[69]。在 SEM 分析中,由于涉及了数个测量模型及一个结构模型,变量之间的关系较为复杂,变量间关系的建立要有坚强的理论为根据,模型界定时必须遵循简约原则(Principle of Parsimony)。在 SEM 分析中,同样一组变量的组合有许多种的可能,不同的关系模型可能代表了特定的理论意义。若是研究者可以用一个比较简单的模型来解释较多的实际观察数据的变化,那么以这个模型来反映变量间的真实关系,不会得到错误的结论,也不会犯下第一类型的错误。

黄芳铭指出结构方程建模可以有很多种方法,但都具有非常相似的基本分析步骤[69]。

本研究采用 AMOS 7.0 软件来进行数据分析和模型检验。在 AMOS 7.0 分析中,模型估计方法有五种,其中极大似然估计法(Maximum Likelihood Estimate,MLE)为 AMOS 内定的模型估计法。对于 SEM 估计法的选择,塔巴奇尼克(Tabachnick)等人认为选择恰当的估计技术与统计检验应同时考虑样本大小、正态性与独立性假定因素。若是样本为中等数目或更大,且有明确的证据显示数据符合正态性与独立性的假定，则研究者最好选择 MLE 法和广义最小二乘法（Generalized Least Squares，GLS）法[70]。

4.2　模型拟合程度判断

虽然结构方程模型提供了多种不同的模型拟合程度评价指标，然而不同的指标得到的结果往往相近或一致，因此对于指标的优劣当前学界并无共识。目前，最常见的拟合度评价指标有卡方值、卡方显著性和卡方自由度等。本研究主要考虑以下常用的拟合指数：χ^2/df（卡方自由度比）、RMR（Root Mean Residual，残差均方和平方根）、RMSEA（Root Mean Square Error of Approximation，近似误差均方根）、GFI（Goodness-of-Fit Index，拟合优度指数）、AGFI（Adjusted Goodness-of-Fit Index，修正的拟合优度指数）、CFI（Comparative Fit Index，比较拟合指数）、PGFI（Parsimonious Goodness-of-fit Index，简约拟合指数）。有关各项指标及其评判标准如表 4-1 所示。

卡方自由度比越小时，表明假设模型的协方差矩阵与观察数据越匹配。卡方自由度比也称为规范卡方（Normed Chi-square，NC），当其值小于 1.00 时，表示模型过度拟合；当其值小于等于 2.0 或 3.0（较宽松的规定值是 5.0），表示模型有简约拟合度。事实上，NC 指标也像卡方值一样，容易受到样本大小的影响，在小样本使用时较不可靠。因此在判别模型是否可以接受时，最好还是参考其拟合度指标，进行综合判断[70-72]。

RMR 为残差均方和平方根，是指数据样本所得的方差-协方差矩阵与理论模型隐含的方差-协方差矩阵的差异值。RMR 越小，表示实际样本数据与假设模型越契合，一般而言，其值在 0.05 以下是可接受的拟合模型。

RMSEA 为近似误差均方根，其意义是每个自由度的平均数据样本所得的方差-协方差矩阵与理论模型隐含的方差-协方差矩阵的差异值。当 RMSEA 的数值高于 0.10 以上时，则模型的拟合度欠佳；其数值在 0.08～0.10 之间则表示模型尚可，具有一般拟合度（mediocre fit）；在 0.05～0.08 之间表示模型良好，具有合理拟合度（reasonable fit）；而如果其数值小于等于 0.05，则表示模型拟合度非常好（good fit）[73]。相较之下，RMSEA 值较为稳定，其数值不易受样本多寡的影响，因而在评价模型契合度时，RMSEA 值均比其他指标值更适用[74]。

GFI 为拟合优度指数，用来显示观察矩阵中的方差与协方差可被复制矩阵预测到的数量，其数值是指根据“样本数据的观察矩阵与理论复制矩阵之差的平方和”与“观察的方差”的比值。GFI 值愈大，表示理论建构复制矩阵能解释样本数据的观察矩阵的变异量愈大，二者的拟合度愈高（GFI 的数值介于0～1 之间，其数值越接近 1，表示模型拟合度越佳）；GFI 越小，表示模型的拟合度越差。一般的判别标准是 GFI 大于等于 0.90，表示模型路径图与实际数据有良好的拟合度，该值大于 0.80 是模型可以接受的范围。

AGFI 为修正的拟合优度指数，其估计公式中同时考虑了估计的参数数目与观察变量数。GFI 愈大时，则 AGFI 值也愈大（AGFI 数值介于 0～1 之间），一般的判别标准为 AGFI 大于等于 0.90，表示模型路径图与实际数据有良好的拟合度[75]。在模型估计中，AGFI 估计值通常会小于 GFI 估计值。到目前为止，并没有 GFI 与 AGFI 两个指标的统计概率分布，因而无法对这两个指标进行显著性检验。

CFI 为比较拟合指数，由 Bentler 和 Hu 发展而得，数值介于 0 与 1 之间，越接近 1 表示模型拟合度越好，其判别标准为 CFI 大于等于 0.90，该值大于 0.80 是模型可以接受的范围[75-76]。

PGFI 为简约拟合指数，PGFI 值介于 0 与 1 之间，其值愈大，表示模型的拟合度愈佳（模型愈简约）。判别模型拟合的标准，一般采用 PGFI 值大于 0.50 作为模型可接受的范围。

表 4-1　拟合优度指标判别标准

拟合优度指标	优良拟合标准	有效拟合标准
χ^2/df	≤3.00	≤5.00
Root mean square residual (RMR)		<0.05
Goodness-of-fit index (GFI)	≥0.90	>0.80
Adjusted goodness-of-fit index (AGFI)	≥0.90	>0.80
Parsimonious goodness-of-fit index (PGFI)	>0.60	>0.50
Comparative fit index (CFI)	≥0.90	>0.80
Root mean squared error (RMSEA)	≤0.05	≤0.08

4.3　模型构建

根据以上研究，由探索性因子分析得出“购买动机”由“休闲方式”、“盈余分配”、“热爱运动”、“体育发展”、“经济收入”和“降低风险”六个构念组成，题项Q1—Q24分别测量这六个潜在变量。“涉入深度”受到“价值认知”和“风险认知”的影响，题项M1—M16分别测量“价值认知”和“风险认知”两个潜在变量。用“购买动机”和“涉入深度”两个变量来测量潜在变量“消费行为”。本研究提出假设，“涉入深度”受到“购买动机”的影响，“消费行为”受到“购买动机”和“涉入深度”的影响。图4-1是根据假设在IBM® SPSS® Amos建立的初始结构方程模型，把收集的数据经过处理后输入到模型中，根据以上介绍的参数判断模型的拟合度对三个潜在变量的路径系数进行假设检验。

把数据输入初始模型之后，发现RMR=0.049，小于0.05，符合有效拟合标准；PGFI为0.673，大于0.50，符合标准；CFI值为0.830，小于0.90，符合有效拟合标准，但未达到理想拟合；RMSEA=0.063，在0.05～0.08之间，符合拟合标准；GFI值为0.823，AGFI = 0.801，小于0.90，均未达到理想范围，但符合有效拟合标准。经过两次修正，得到如图4-2所示的最终结构方程模型。

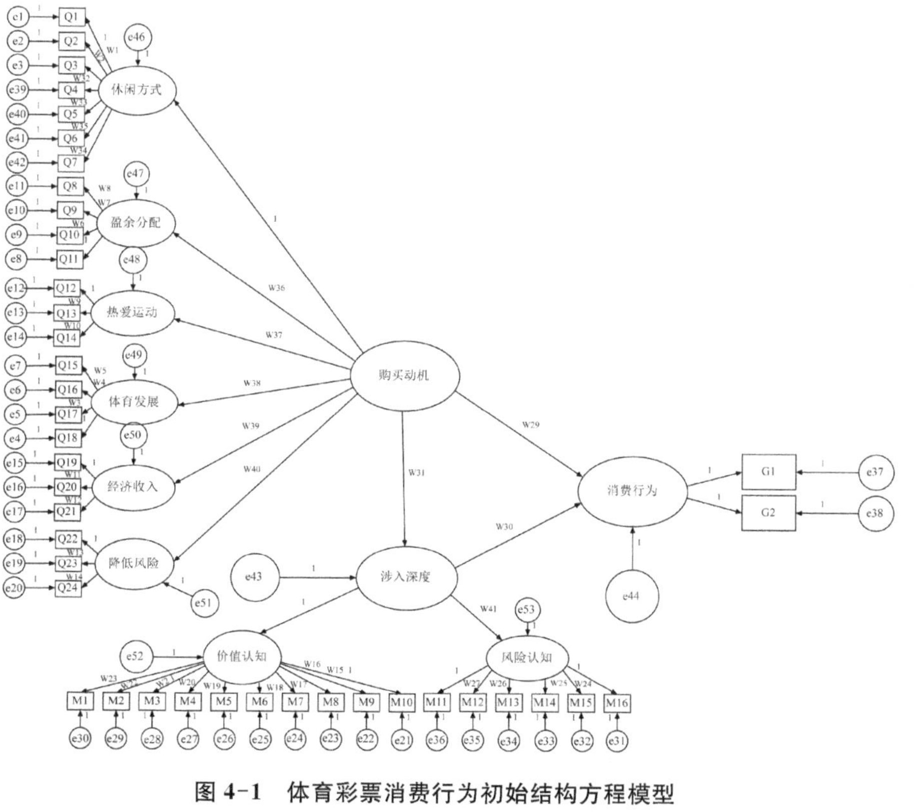

图4-1 体育彩票消费行为初始结构方程模型

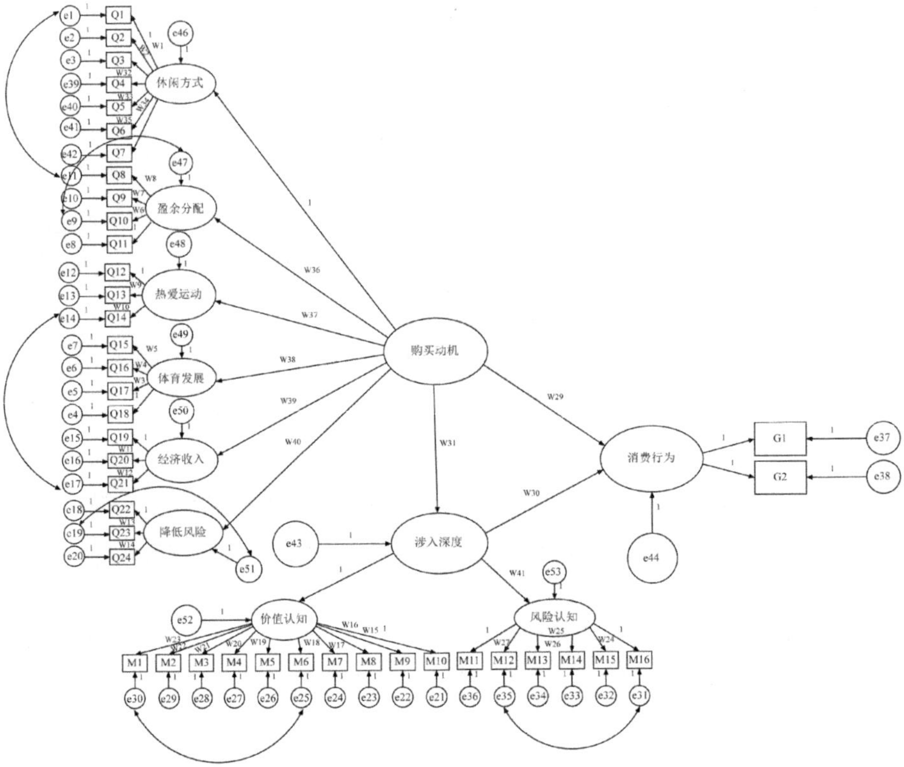

图 4-2　体育彩票消费行为最终结构方程模型

4.4　结果分析

4.4.1　最终模型拟合优度分析和假设检验

如表 4-2 所示，$\chi^2/df = 1.790$，小于 3.0，符合优良拟合标准；RMR＝0.045，小于 0.05，符合有效拟合标准；PGFI 为 0.872，大于 0.60，符合标准；CFI 值为 0.935，大于 0.90，符合优良拟合标准；RMSEA＝0.063，在 0.05～0.08 之间，符合有效拟合标准；GFI＝0.932，AGFI＝0.902，均大于 0.90，符合优良拟合标准。从上述拟合指数来看，拟合效果较好，模型可以接受。

表 4-2　潜在变量路径分析的拟合指标

拟合指标	结构模型	理想水平
Chi-square (χ^2)	592.47	Smaller
Degree of freedom (df)	331	—
χ^2/df	1.790	<3.0
Root mean square residual (RMR)	0.045	<0.05
Goodness-of-fit index (GFI)	0.932	≥0.90
Adjusted goodness-of-fit index (AGFI)	0.902	≥0.90
Parsimonious goodness-of-fit index (PGFI)	0.872	>0.50
Comparative fit index (CFI)	0.935	≥0.90
Root mean squared error (RMSEA)	0.063	0.05～0.08(有效水平)

如表 4-3 所示，各路径 CR 值均大于 0.7，说明聚合效度和组合信度良好。同时，变量之间共有 11 条路径在 $P\leqslant 0.05$ 的水平上是显著的。其中路径 H_1、H_2、H_3、H_6、H_7、H_8、H_9、H_{10} 和 H_{11} 都在 $P\leqslant 0.01$ 的水平上显著，说明该结构方程模型的路径系数都被验证了。

表 4-3　结构方程模型路径检验结果

路径	路径系数(β)	CR	显著性(Sig.)	检验结果
H_1	0.49	0.916	0.000	支持
H_2	0.25	2.804	0.004	支持
H_3	0.32	2.977	0.003	支持
H_4	0.23	2.522	0.012	支持
H_5	0.36	2.270	0.023	支持
H_6	0.13	2.968	0.006	支持
H_7	0.56	5.671	0.000	支持
H_8	0.42	4.272	0.000	支持
H_9	0.17	3.566	0.002	支持
H_{10}	0.39	3.321	0.000	支持
H_{11}	0.45	4.325	0.000	支持

4.4.2 检验结果分析

由最终模型可以看出，所有路径系数都得到验证，说明模型能够反映体育彩票购买动机的内在激励。“购买动机”和“涉入深度”均对“消费行为”有正向作用。购买动机越强，购买金额和频率就越高；涉入深度越强，购买金额和频率也越高。（“购买动机”的强弱由“休闲方式”“盈余分配”“热爱运动”“体育发展”“经济收入”“降低风险”六个构念共同决定。“价值认知”和“风险认知”两个构念决定了体育彩票消费者“涉入深度”的强弱。）

1. 购买动机

（1）休闲方式

主成分分析结果和结构方程检验的结果显示，休闲方式中等程度地影响体育彩票消费者的购买动机。从各个因子的负荷量可以发现，体育彩票消费者把彩票看成一种乐趣，一种休闲的方式，因此他们看重去网点的便捷性，对于一些对体育知识了解不多的购买者来说，网点的硬件设施、网点的服务态度、简单易懂的体育彩票是他们的首选。对于体育彩票管理部门来讲，积极开展体育彩票销售网点的硬件建设和从业人员的培训，增加彩票网点的服务设施，比如增加电视视频播放设备，设计简单易懂的彩票产品供消费者选择，可以提高体育彩票销售额。而对于体育彩票销售网点的经销商而言，若能免费发饮品和小食品，加强对员工的管理，把体育彩票销售网点打造成舒适的娱乐场所，就能提高其销售的收入。

（2）盈余分配

从以上分析结果可以看出，体育彩票消费者非常看重彩票收入的盈余分配。大多数消费者都希望彩票收入盈余能直接用于发展国家体育事业，他们希望用于举办国际国内大型比赛、维修与新增体育设施供公众使用、培训优秀选手、支持退役选手转业。国人夺冠能提高人民的自豪感和荣誉感，同时提高人们的体育参与意识。比如，由于媒体曾经报道国家体育冠军转业之后的坎坷经历，所以关于体育退役选手的转业和就业问题也成为相当一部分体育彩票消费者普遍关注的问题。基于这样的体育彩票购买民意，体育彩票管理者要定期公布体育彩票的盈余支出明细，做到透明公开，让消费者对体育彩票管理者充满信心，从而乐意去购买彩票。需要注意的是，在这个过程中要加强对盈余支出的跟踪审计和管理，避免出现信任危机。

（3）热爱运动

由以上相关分析可以知道，体育彩票消费者多数都是体育运动爱好者，一方面，体育彩票消费需要具备一定的体育运动专业知识，另一方面关注体育运动的人更关注体育运动的发展。购买体育彩票的消费者需要获得体育运动相关信息，收看体育运动节目也就在情理之中。从消费者基本特征统计来看，购买体育彩票的大量消费者都是体育运动实践者，大多喜欢冒险、刺激，喜欢享受通过努力获胜的喜悦。比如预测足球赛事，如果能准确预测几场比赛，即使没有中奖，这种获胜的喜悦也是不言而喻的。针对这一情况，体育彩票管理中心要根据各种老百姓喜闻乐见的体育项目设计体育彩票的产品，增加对体育运动爱好者的吸引力。同时要设计非常简单的产品，让不懂体育的人也能很容易识别和购买体育彩票。

（4）体育发展

体育彩票消费者大多都认为体育彩票对中国体育发展意义重大，因此支持体育发展也成为他们购买体育彩票的一个重要因素。他们认为体育彩票可以提升我国的体育运动水平、促进我国体育的发展（如培养体育人才，发展体育运动），是我国体育事业发展重要的经济支柱。以江浙地区为例，该地区地下六合彩比较普遍，很多体育彩票消费者有可能就是原来的地下六合彩参与者，但是随着我国体育事业的飞速发展，国人对体育事业的熟悉感和认同感不断增加，他们对国家体育事业表现出强烈的支持愿望，而购买体育彩票也就成为他们支持体育事业的一种方式。基于这样的认知和情怀，他们由以前经常购买地下六合彩转为更多地购买体育彩票。

（5）经济收入

经济收入也是体育彩票消费者购买动机的影响因素之一，从消费者基本情况分析来看，教育程度比较低、收入比较低的消费者占了很大部分的比例。他们购买体育彩票是为实现“发财梦”、增加个人收入，虽然这不是体育彩票购买的主流动机，但也在相当一部分人中存在。由于地下彩票（地下六合彩）多有欺骗参与者的情况，而体育彩票有时还能获得一些奖品，所以有人会认为购买彩票可以比地下彩票获利更多。

（6）降低风险

风险因素是每个消费者消费时所必须考虑的问题，体育彩票的购买也不例外，它是体育彩票消费者购买动机的重要影响因素。如果购买少量金额的体育彩票纯属娱乐，那么风险因素可以不加考虑；如果是购买大额度体育彩票，风险因素就是必须考虑的事情。相对于地下六合彩，体育彩票有政府的信用担保，因此风险会比较小。还有一点需要特别注意，如果体育彩票造成运动员发生舞弊行为，会让体育彩票消费者不愿意购买体育彩票。比如，近几年中国足球腐败、踢假球等不良问题对社会造成了相当大的影响，对足球体育彩票的销售也产生了很大的冲击。足彩中心要严控彩票的资金流向，避免体育彩票资金参与足球赌博，从而增加消费者的购买信心。

2. 涉入深度

(1) 价值认知

由于体育彩票是重复购买的商品，涉入深度对消费者的购买行为影响较大，而价值认知反映消费者对体育彩票的性质、作用以及对自己的价值的认识深度。所以，体育彩票消费者认为参与体育彩票是一件很有意义的事情，这已经成为他们生活中的一部分，有的人甚至认为参与体育彩票胜过参与其他休闲活动。有的人就算没参与体育彩票也会到投注站走走，他们喜欢和朋友讨论关于体育彩票的事情，甚至购买体育彩票还能保持心情愉悦。这部分体育彩票参与者都属于高涉入人群，他们的共同特点是对彩票运作机制非常了解，比较理性，购买体育彩票的金额也许不会太多，但是购买频率一定是比较高的。

(2) 风险认知

风险认知是影响消费者购买的重要因素，对风险认知较深的消费者是比较理性的。风险认知较低的人发现投注错误会感到沮丧，会认为投注不适当的赛事是一件严重的事；风险认知较高的人会谨慎选择体育彩票的投注，会花更多的时间研究体育彩票的投注技巧，并且还经常预测赛事，从而彰显他的个人风格。

第五章
基于前景理论的体育彩票消费者行为动机研究

体育彩票消费者行为影响因素分析以及随后的模型拟合均有力印证了体育彩票消费者的“购买动机”对“消费行为”具有强烈的正效应，购买动机越强，购买的金额和频率就越高。因此，深入研究体育彩票消费者的购买动机对充分把握消费者行为、进一步繁荣体育彩票市场具有理论性指导意义。消费者的购买动机在行为经济学领域被称为消费者行为动机。很显然，体育彩票消费者的行为动机无法用一般消费者的动机理论进行解释。通常而言，体育彩票消费者行为受到博彩产品消费动机的影响更为明显。因此，有必要从本质上规范研究体育彩票消费者的行为动机问题。

5.1 前景理论

5.1.1 前景理论简介

1. 前景理论产生的原因

自金融学出现以来，理性分析框架就是金融学乃至整个经济学的基础框架。经济学理论中频繁可见的分析前提有经济人、理性等。传统金融学将其研究范式和模型都限制在理性框架之内，并沿袭了经济学的分析方法。在人类行为完全理性的假设之下，人们做决策时会被假想成像经济学家一样具有系统的知识和一致的预期。

然而，在 20 世纪 80 年代，学者们在实证研究中发现传统金融理论存在一些无法克服的缺陷，缺乏实证的支持和模型。与实际的背离使得传统金融理论的理性分析范式陷入了尴尬的境地。经济学家开始将研究视角投向经济现象的背后，于是心理学及行为分析的理论方法被用于研究金融市场中的决策行为。现代经济理论的核心假设是理性和自利，认为人为了追求自身利益的最大化，会对信息进行全面判断和抉择，形成最优决策。不确定条件下的理性是在一定的预算约束下追求期望效用最大化。这就涉及人们对不确定事物发生概率的主观判断和对待不确定性的态度，即所谓预期和风险偏好问题。长期以来，不确定决策理论中占统治地位的是冯·诺依曼和摩根斯坦于1944年提出的期望效用最大化原理(Expected Utility Maximization)，即EU理论。依照该理论，对决策者而言，存在一个实值效用函数 u，其以决策过程的货币值 X 为自变量，若行为 a 导致不同财富值 X_i 出现的概率是 p_i，行为 b 导致 X_i 发生的概率为 q_i，那么当且仅当 $E_i p_i u(X_i) > E_i q_i u(X_i)$ 时，决策者选择 a 而非 b。事实上，赫伯特·西蒙(Herbert Simon)在1947年就提出了有限理性这个概念，认为决策者不可能获得所有必要的信息来做出合理决策，相反人只有有限的理性，其解决问题的有效方法是依靠以往的经验或一些捷径，自此行为金融学开始出现。

传统经济学具有很强的规范性，会给出人们具体处理问题的做法。而新经济学在心理学的影响下逐渐显现出描述性的特性，它描述的是人们在实际中是如何处理问题的。例如，在高速公路上，交通法规会规定速度的范围，司机在驾驶时就会根据交通法规去约束自己的行为，交通法规就是规范性的；而事实上，司机在车辆很少的高速公路上行驶时的时速会达到100公里，这就是描述性的。比方说，宗教教规就是规范性的，而物理原理则是描述性的。从这个意义上讲，传统经济学原理更像是宗教教规，新的经济学则是科学。

最早的风险决策理论是期望值理论。这个理论的核心观点是人们根据风险决策的期望值大小来进行选择。比方说有两个选择，A有30%的可能性赢2 000元，B有70%的可能性赢1 000元，这两个选择的期望值分别是600元和700元，那么期望值理论认为人们会选择B。这个理论认为，人们都是风险中立的，即人们只考虑一个选择的期望值，而不考虑它的风险大小。这是这个理论的一个很重要的假设。

但是人是否是风险中立的呢？思考以下两个选择：如果你选择A，你一定可以得到1 000元；如果你选择的是B，你赢得2 100元的概率是50%，而另外50%的可能性是你得到0元。计算期望收益可以得到B的期望收益大于A的期望收益。但是实际情况中大部分的人会选择A。两百多年前，伯努利提出的期望效用理论很好地解释了这一现象。这个理论指出，财富的边际效用是递减的，50%的可能性赢2 100元的效用小于100%赢1 000元的效用。这个理论是一个规范性的理论，它是微观经济学的一个重要奠基石。这个理论假定人们都是风险规避的，因此人们选择100%赢1 000元是完全理性的。这个理论是经济学的一大进展，也有许多政策应用。在美国，特别是民主党，非常推崇财富再分配的政策，也就是向富人多征税再分配给穷人，其理论依据就是边际效用递减。相对来说，给富人增加1美元的效用要小于给穷人增加1美元带来的效用，所以应该把这1美元给穷人。

但是，问题在于人们是不是任何时候都是风险规避的呢？对于上面的问题，大部分人都会选择A，可以说明人是风险规避的。但是再看下面的情况。假定你刚刚赢了2 000元，你面临两个选择：选择A的话你有100%的可能性会损失1 000元；选择B的话你有一半的可能性会损失2 000元，而另外一半可能性是损失0元。在这种情况下，大部分人都会选择B，这说明人们是有风险偏好的。其实上述两种情况是完全等价的。肯定赢1 000元等于从赢来的2 000元中肯定损失1000元；50%的可能性赢2 000元也就是在先赢2 000元的情况下，有50%的可能性不损失钱；什么也拿不到就相当于在先赢2 000元的情况下，有50%的可能性损失2 000元。但是人们为什么在第一种情况下风险规避，在第二种情况下就变成了风险偏好呢？普林斯顿大学的心理学教授丹尼尔·卡尼曼(Daniel Kahneman)和阿莫斯·特维尔斯基(Amos Tversky)发表的论文"Prospect Theory: An Analysis of Decision under Risk"中提出了一种新理论——前景理论(Prospect Theory)，这个理论解释了人们选择风险资产的行为方式普遍违反了经典的期望效用理论的现象[24]。

前景理论可以帮助我们得到以下推论：风险偏好的改变可以通过改变人评价事物过程中所选择的参照点实现。举一事例，如果一个人有两种投资选择，选择一肯定能够获利两万；选择二有50%的可能性获利三万，50%的可能性获利一万。如果他的投资收益目标设定得比较低，是一万，那么选择一的投资是多赚了一万，选择二却是要么正好达到预期设定目标，要么多获利两万。两种选择都会有收益，人们通常是会选择规避风险的，所以会选第一种方案。相反，如果他把投资收益目标增加到三万，那么选择一就会少获利一万，而选择二要么正好实现目标，要么少获利两万。两种选择都会有损失，人们会选择有风险的投资，因为虽然有风险但有可能达到预期设定目标。因此，可以通过改变目标的方法来达到影响其风险偏好程度的目的。

前景理论还得出一个重要结论，即人们对得到和失去的敏感程度是不一样的。人们普遍对失去更为敏感。塞勒曾经做了一个实验。假设一个人生病了，而且有千分之一的概率死亡，现在有一种药物，他服用后死亡的概率是零，那么他会愿意为得到这种药物花费多少？还有一个假设是一个人身体现在很健康，有一种新药问世，新药的预期副作用是会使人有千分之一的概率死亡。现在想找人来做新药实验，被试者会希望得到多少费用呢？一般人在第一种假设下，都愿意花费几百到几万美元来买药；然而在第二种假设下，即使试验方愿意出几倍甚至几十倍的钱，也没有多少人愿意进行这样的试验。大多数人不愿意来承受此种有风险的损失，这就是因为人对损失的敏感性远远大于对获得的敏感性。其实分析过后不难得出，第一种假设是因为生病是现实存在，花钱治病是人获得的过程；第二种假设是因为人原本是健康的，进行试验会死亡，死亡风险很显然是损失。所以，人对于这种损失所要的补偿就要远远高出人愿意为买药治病所花的钱。

从损失规避这个理念出发，有许多问题值得我们重新思考。比方说我们前面提到过，根据期望效用理论提高总效用的一个很好的政策是财富再分配。但是如果考虑到人们厌恶损失的话，一边是从一个人的工资里面扣除 1 000 元，另一边是给另外一个人增加 1 000 元。后者对这个的敏感度可能没有他对损失的敏感度高。在市场营销中损失规避这个理念也有非常广泛的应用。售价 100 元的 CD 机，如果商店规定：使用现金，则按商品的原价计算；使用信用卡支付，则需要支付 105 元。这种情况下，人们通常觉得没有必要承担这 5 元的损失，所以更愿意以现金支付。但是如果这个 CD 机本来的价格就是 105 元，顾客以现金支付可以优惠到 100 元，而用信用卡的话则以原价计算，这个时候人们就不会觉得用信用卡支付会有损失。这种定价方式可以鼓励消费者使用信用卡进行支付，而实际上在这两种定价方式下商品的价格是一样的，只不过人们的参照点被人为改变了，从而就可以得出一个很容易改变人们支付方式的手段，那就是改变一个事物使其由看起来有损失变为看起来没有损失。

作为一门新兴的学科，行为金融学主要的内容是研究对资本市场产生系统性影响的投资者决策行为的特征，它的绝大部分成果也主要集中于这一点。行为金融学在对人们的金融行为进行研究时，合理地引入了心理学的分析，成功地解释了投资者非理性的金融决策行为。

前景理论是行为金融学的基础理论。它研究的主要内容是人们在不确定的条件下如何做出决策，它对传统金融理论中的理性选择与现实情况相背离的现象做出了针对性的解释。行为金融研究学者们通过实验发现的结果与期望效用理论相反,即大多数投资者的行为并不总是理性的,他们是行为投资者,而非金融投资者。他们的效用不是单纯的财富函数,他们也并不总是风险规避的。财富的变化量不是存量,而是个人做决策时的基础。前景理论的主要理念在一定程度上继承了传统金融理论关于人具有根据成本收益采取效用最大化的倾向的理论。同时,由于现实中存在有限理性、有限自制力和有限自利,所以他们并不符合主流理论对他们的假设。人们无法在每一种情境下都清楚地计算得失和风险概率,他们的选择往往受到个人偏好、社会规范、观念习惯等因素的影响,因此不确定性存在于未来的决策之中。

金融市场中的不确定行为需要更完善的理论来进行描述。卡尼曼和特维尔斯基所提出的前景理论无疑在这个方面做出了巨大贡献。行为金融学发展至今,前景理论是其最有影响力的理论。尽管偏好和决策问题是前景理论研究的主要方面,但它是目前应用于经济研究的最为重要的行为决策理论之一。前景理论与传统的期望效用理论是不同的。在经济学的发展过程中,期望效用理论一直是传统经济学的基础,但是这个理论在现实中并不总是适用的。现实中有一部分现象违背了期望效用理论,阿莱悖论(Allais Paradox)和艾尔斯伯格悖论(Ellsberg Paradox)就是其中比较有名的例子,它们在很大程度上质疑了传统主流的金融理论。因此,卡尼曼和特维尔斯基于1979年最早提出了"前景理论"来替代期望效用理论。卡尼曼和特维尔斯基在文章中指出,传统的期望效用理论无法完全描述个人在不确定情况下的决策行为,他们以大学教授和学生为试验对象进行了问卷调查,结果发现了许多偏好违背期望效用理论的现象。这些现象被卡尼曼和特维尔斯基归为三个效应:确定性效应,指相对于不确定的结果来说,试验对象对确定的结果会更加偏好;反射效应,指试验对象在面对损失时有风险偏好的倾向,而对于利得则有风险规避的倾向;分离效应,指当试验对象面对多个结果时,如果一组结果可以用不止一种办法分解成相同和不同的因子,这种分解方式的多样性会导致人的偏好和选择的不一致性。

不仅如此,卡尼曼和特维尔斯基在解释前景理论时还发展了一种替代框架模型。他们将个人的选择和决策过程分为两个阶段,并且利用两种函数来描述个人的选择行为。一种是价值函数,另一种是决策权重函数。其中期望效用理论中的效用函数被价值函数所取代了,期望效用函数的概念被决策权重函数转变成了决策权重。卡尼曼和特维尔斯基认为,如果期望效用理论定义了人类的理性行为的话,前景理论则定义了人类的真实行为。而针对个人的决策过程,他们把投资的决策框架进行了修正，分为选择和决策两个阶段。事件的发生以及人们对事件结果及相关信息的收集、整理称为编辑阶段；在此基础之上的评估、决策称为评估阶段。在决策的编辑阶段对被择方案的编码往往是根据个人决策偏好来进行的，在决策评估阶段，相对于参考点，最终决策方案的制定由投资者对收益与风险的预期来决定。

在前景理论的基础上，其他学者做了许多深入的研究，他们认为个人在做决策时并不清楚所有可能的结果，因此提出了心理账户的观点：个人实际上会将不同的决策分成多个心理账户，即将不同的决策分成不同的部分来分析，并且他们会用不同的方法来应对不同的决策。心理账户的存在性被舍夫林(Shefrin)、塞勒、斯塔特曼证明了。并且，行为资产组合理论也在心理账户的基础上形成并发展起来，这种理论对弗里德曼-萨维奇(Friedman-Savage)提出的谜题——"人们为什么在购买彩票的同时会购买保险"给出了科学的解释。除了上述理论发展之外，卡尼曼和特维尔斯基认为前景理论还存在着两个问题：①不一定会满足随机占优原则；②无法扩充到有数目很大的结局的情况。卡尼曼和特维尔斯基提出了累积前景理论来解决上述提出的两个问题。累积前景理论利用累积概念来转换传统效用函数中的概率，并没有使用个别概念。他们的观点是当一个事件出现的可能性较大时，投资者会在收益状态下表现出风险规避的态度，在损失状态下表现出风险偏好的态度。然而，当该事件发生的可能性很小时，情况正好是相反的，投资者对于收益则变成风险偏好，对损失则是风险规避的态度。

2. 前景理论的架构

前景理论使用价值函数(Value Function)代替传统的效用函数(Utility Function)，使用决策权重函数(Weighting Function)代替了概率(Probability)。一般情况下，出现收益(Gains)时，价值函数曲线是凹的；出现损失(Losses)时，价值函数曲线是凸的，且左半部分比右半部分陡峭。决策权重一般小于相应的概率，除了在小概率的情况下，这是因为人们一般会高估小概率。

前景理论的基本模型是，当面对一个以概率 p 得到 x，以概率 q 得到 y 的风险资产 A 的时候，其效用可以用价值函数表示：

当 $p+q<1$ 或 $x\geqslant 0\geqslant y$ 或 $x\leqslant 0\leqslant y$ 时，

$$V(x,p;y,q)=\pi(p)v(x)+\pi(q)v(y) \tag{5-1}$$

当 $p+q=1$ 或 $x>y>0$ 或 $x<y<0$ 时，

$$V(x,p;y,q)=v(y)+\pi(p)[v(x)-v(y)] \tag{5-2}$$

式中，当 x 为确定性资产的时候，$V(x)=v(x)$；π 函数被称为权重函数，表示人们对于客观概率的主观评价，反映了概率对前景价值的影响。同时，人们的行为仍然遵循效用最大化原则，也就是选择效用最大的前景。

价值函数图像如图 5-1 所示，纵轴表示价值(Value)，实际上就是从前景中得到的效用(Utility)。卡尼曼认为价值函数和效用函数的不同之处有两点：首先，收益(Gains)和损失(Losses)是价值函数的自变量，风险厌恶是人们在面对盈利时表现出来的态度(价值函数曲线上凸)，风险爱好是人们面对损失时表现出来的态度(价值函数曲线下凸)；最终财富(Final Assets)则是期望效用函数的自变量，风险厌恶是理性人具有的特质。x 并非特指最终资产，而仅仅指备选方案，即卡尼曼所说的前景，根据实际应用目的，既可以定义为损益，也可以定义为最终资产。前景之所以常常被定义为最终资产，是为了在效用函数中反映人们在不同的财富水平下对待风险的不同态度，也就是说效用函数曲线并不总是上凸或下凸的。卡尼曼所考察的情况，是人们在当前财富水平下对风险的态度，相当于在效用函数中把坐标原点平移至当前财富点所得的那部分曲线。因而，从这个意义上说，价值函数是效用函数的一个特例。对于一个遵循期望效用的理性人来说，效用函数的形状决定了他的风险态度，上凸效用函数表示风险厌恶，下凸效用函数表示风险偏好。

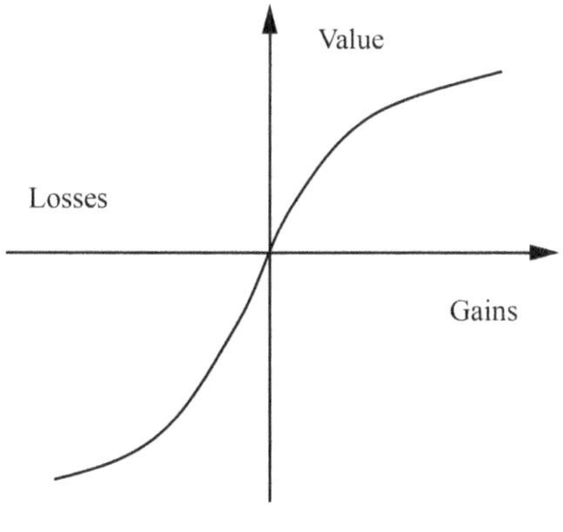

图 5-1　价值函数图

其次，期望效用函数中的客观概率被价值函数使用决策权重所代替，这是价值函数和期望效用函数的第二个不同之处。人们在实际决策过程中对概率的估计值与实际值不符合，这是前景理论的一个重要结论。正常情况下人们会高估小概率、低估高概率，同时决策权重之和往往是小于1的。用公式表示就是 $\pi(0)=0,\pi(1)=1$，当概率 p 很小时，$\pi(p)>p$；而当概率 p 很大时，$\pi(p)<p$，卡尼曼和特维尔斯基用实验结果说明了 $\pi(p)+\pi(1-p)<1$。

5.1.2 前景理论模型

根据前景理论，以 x_i 和 p_i 分别表示某一结果及其相应的非负概率，则某一种前景 $PT=(x_1,p_1;\cdots;x_n,p_n)$，$x_1\leqslant\cdots\leqslant x_r\leqslant 0\leqslant x_{r+1}\leqslant\cdots\leqslant x_n$ 的评价函数为

$$V(PT)=\sum_{i=1}^{r}\pi_i^{-}(p_i)v(x_i)+\sum_{j=r+1}^{n}\pi_j^{+}(p_j)v(x_j) \tag{5-3}$$

式中，$v(x)$ 是结果 x 相对于某一参考点的价值函数，$\pi^{+}(p)$ 和 $\pi^{-}(p)$ 分别是与收益和亏损结果对应的决策权重函数。

卡尼曼和特维尔斯基提出的价值函数（Value Function）和权重函数（Weighting Function）分别为

$$v(x)=\begin{cases}x^{\alpha} & x\geqslant 0(\alpha>0)\\ -\lambda(-x)^{\beta} & x<0(\lambda,\beta>0)\end{cases}$$
$$\pi^{+}(p)=\frac{p^{\gamma^{+}}}{[p^{\gamma^{+}}+(1-p)^{\gamma^{+}}]^{\frac{1}{\gamma^{+}}}},\ \pi^{-}(p)=\frac{p^{\gamma^{-}}}{[p^{\gamma^{-}}+(1-p)^{\gamma^{-}}]^{\frac{1}{\gamma^{-}}}} \tag{5-4}$$

式中，α 是获益时价值函数的参数；λ、β 是损失时价值函数的参数；γ 表征 $\pi(p)-p$ 图中曲线 $\pi(p)$ 的曲率和相对位置高度，减少 γ 将使权重函数 $\pi(p)$ 更弯曲且曲线相对位置更高。

5.2 体育彩票消费者博彩动机

体育彩票消费者的购买行为具有一定的博彩动机，这种博彩动机能够很好地解释体育彩票市场消费者购买前的预期以及购买后的心理评价。体育彩票的这种特殊性质决定了我们不能沿用传统的期望效用理论来解释体育彩票消费者的行为动机。本章在第三章所分析的体育彩票消费者行为影响因素的基础上，运用前景理论解释了体育彩票消费者会高估体育彩票的中奖概率的原因，分析

了体育彩票消费者在无数次与大奖失之交臂的情况下仍然会继续购买体育彩票的动机，并解释了体育彩票消费者购买体育彩票的动机在于对中奖概率的高估；同时，对前景理论的分析方法与传统的期望效用理论分析进行比较，从而论证基于前景理论的体育彩票消费者行为动机分析的合理性。

5.2.1 博彩动机的界定与经济学解释

1. 博彩动机的提出

首先假定彩票属于一种投资品，体育彩票消费者的行为具有投资行为的性质，那么厂商理论可以作为我们分析的依据。建立一个简化的彩票模型，假定彩票的奖金额为 X，中奖的概率为 P，不中奖的概率为 $1-P$，所得为 Y（现实情况中一般 $Y=0$），又假设购买彩票的单位成本为 t，则根据经典的投资理论，投资者购买彩票必须满足的条件是他的投资期望收益大于或等于他的投资成本，即：

$$PX+(1-P)Y \geqslant t \tag{5-5}$$

式(5-5)的证明可以通过简单的实际验算来完成。以某一体育彩票为例，假定发行彩票的总额为 M，每张彩票的价格是 2 元，发行彩票总量为 $M/2$，一般的中奖率为 50%。为简单起见，这里取最极端的情况，$M/2$ 元是唯一的大奖奖金，则可以计算得出 PX 的值为 1 元。在中奖率一定的情况下，PX 的值在任何中奖分布的情况下都小于 1，显然与条件不相符合，即 $PX+(1-P)Y \geqslant t$ 恒不成立。因此我们得出的初步结论如下：体育彩票消费者购买彩票的行为并不具有投资行为的属性，至少不是一种真正意义上的理性投资行为。

其次，假定体育彩票消费者是一般的消费者，彩票给体育彩票消费者带来的满足程度决定了体育彩票消费者是否去购买彩票。经济学上用效用函数来度量满足程度。假定消费者购买彩票的数量为 X，用效用函数 $U(X)$ 来表示其得到的满足。这种效用是一种预期效用，因为体育彩票消费者在购买彩票时，存在着不确定性，有两种情况：一种是体育彩票消费者如愿中奖了，他就会得到一大笔钱；另一种就是一无所获。预期效用理论讨论的是决策者在多种行为中做选择时，他不一定知道他选择某项行为所可能得到的结果是什么，那么当他进行选择时，"预期效用"最大的行为将会成为决策者最后的选择。在这种情形下，一种行为的预期为全部可能后果的概率与其对应效用的乘积之和，可以用期望效用函数来表示：$U(P,X,Y)=PU(X)+(1-P)U(Y)$，引入这一公式的主要目的是重新界定体育彩票消费者的购买动机。当满足条件$U(P,X,Y)\geqslant U(t)$时，购买彩票$U(P,X,Y)$是一种消费动机。

上式是否能成立，由消费者的风险偏好来决定。经验表明，风险厌恶是经济个体总体具有的典型特征，所以消费者是风险规避的。消费者在面对不确定性风险时，其效用函数为凹函数，即$U[PX+(1-P)Y]\geqslant PU(X)+(1-P)U(Y)]$。事实上，在验证体育彩票消费者动机为投资行为时，已得到$PX+(1-P)Y\geqslant t$恒不成立，由此可以得到结论$U[PX+(1-P)Y]\geqslant U(t)$恒不成立，即$U[PX+(1-P)Y]<U(t)$。由凹函数的性质可知$U[PX+(1-P)Y]<U(t)$，即条件$U(P,X,Y)\geqslant U(t)$恒不成立。由此可见，传统的风险规避理论并不能界定体育彩票消费者的购买行为。

2. 经济学视角的博彩动机分析

传统经济学认为，人是具有理性的。“理性人”是传统经济学中最基本的假设，即在面对好的和不好的两种东西时，人们会愿意用更多的钱去换取好的东西。1947 年，基于“理性人”假设，西蒙提出了有限理性的概念。同时著名的阿莱悖论和艾尔斯伯格悖论都对传统经济学理论的“理性人”提出了挑战。但是，直到卡尼曼和特维尔斯基那里，“人在何时是理性的，何时是非理性的”这个问题才真正被深入地研究。在第一种情况下人们是风险规避，但是在第二种情况下却变成了风险偏爱。前景理论能够很好地解释上面的情况，它修正了传统微观经济学中的风险决策理论。卡尼曼也因为提出该理论而获得了诺贝尔经济学奖。前景理论认为，风险规避是人在面临获得时所具有的特征，而风险趋向是在面临损失时表现出来的特征；并且进一步指出，人们对损失和获得的敏感程度是不同的，对损失的敏感度（即痛苦）要远远大于对获得的敏感度（即快乐）。同时，可评估性（Evaluability）概念指出，人们在现实生活中做决策的时候，往往是通过某种容易得到的、直观的线索来进行决策，而不是看一个物品的真正价值。

按照游戏规则，用来派发的奖金金额只占所有彩票销售额的百分之五十左右，那么从平均意义上来讲，体育彩票消费者只能收回一半的成本。按照传统经济学“理性人”的假设，显然不会有人愿意购买彩票。

可是现实中确实有很多人去购买彩票，目前主要有三方面的观点对这个问题做出了解释。一是从精神满足来解释。精神满足是购买彩票所带来的外部效应，这种观点是在不违背传统经济学完全理性假设的基础上，增加了精神娱乐和社会贡献层面上的外部效应。有的学者通过修改体育彩票消费者的效用函数来说明投机和“纳税效应”是体育彩票消费者购买彩票的动机来源；也有学者从心理学角度认为寻求感觉体验是购买彩票的真正动机，较高的感觉寻求是体育彩票消费者具有的特质，但实质上也是通过添加了游戏娱乐方面的外部效应来解释体育彩票消费者的动机。二是利用亚当·斯密在《国富论》一书中首先提出的“概率高估”观点来解释。这种违背完全理性假设的概率高估解释认为，正是因为人们从平时彩票个案中过高地估计了赢的概率，所以他们会购买彩票。有的文献通过问卷调查，分析得到以下结论：态度和行为具有一致性，行为的实现得到了积极态度的直接激励，而极少由消极的态度引起。在彩票活动中，这种一致性表现在体育彩票消费者对彩票的整体评价与各种渠道报道的彩票活动有直接联系。绝大多数的体育彩票消费者不认为彩票活动属于赌博，同时他们也反对赌博。三是体育彩票消费者对中奖的过度自信，他们中的绝大多数坚信总有一天会中大奖。这三方面因素与体育彩票消费者的购买动机紧密相关。

5.2.2　博彩动机的实证分析

根据消费者行为学的理论，购买商品的种类、地点、方式、次数（或购买频度）、金额、动机等购买行为是消费者消费行为的一般表现。本部分的主要研究对象是江苏省体育彩票消费者，从消费者的购买动机着手探讨江苏省体育彩票消费者的博彩动机。

陈永英等人[77]的调查研究显示：在调查的总人数中有71.9%的消费者购买体育彩票是为了“碰运气中大奖”，而“为体育事业和公益事业做贡献”这一原因紧随其后。由此可知，体育彩票购买者买彩票就是想通过花较少的钱获得高额的奖金，从而反映出消费者没有充分接受国家对体育彩票的正面宣传，仍以“中大奖”为目的者居多；从另一方面来说，购买体育彩票的消费者具有多样的动机，其中一部分是为了追求物质满足，但也不乏一部分消费者是通过购买彩票来满足自己情感上或者精神上的需求。从心理学上分析，消费者购买体育彩票这一消费行为主要属于精神消费。因为消费者希望通过较少的金钱投入，就能够换取在一段时间内的希望与期待，他们的身心健康也因此收益。然而，众所周知，购买彩票是具有两面性的，如果体育彩票消费者购买彩票没有控制在适度的范围内，购买的数量和金额超过了自身经济能力的承受范围，在购买过程中也没有考虑到可能带来的后果，那就已经超出了体育彩票消费的范围，一定程度上可以称之为赌博。由于在购买时购买者并没有考虑到自己的经济能力和承受范围，一旦没有中奖，购买者就会蒙受巨大的经济损失，并且心理上也会产生强烈的失落感。不仅如此，如果社会上有大量这样的情况存在，将会形成一种不良的社会风气，甚至有可能会影响到整个社会的安全和稳定。因此，体育彩票消费者在购买彩票时应当充分考虑自身各方面的实力，尽量在适度的范围内进行购买，避免过度购买给自身带来的负面影响。所以，在体育彩票的宣传方面我们需要着重于其积极的正面的意义，尤其是通过其公益性来培养消费者正确的彩票购买观念，进行正确的投资。

5.3 体育彩票消费者行为动机的模型分析

用有限理性下的行为经济学方法来分析体育彩票消费者行为的研究并不多，徐晓天等人[78]分别将贝叶斯决策模型和前景理论运用于体育彩票消费者的行为动机的对比研究中，分析了体育彩票消费者持续购买彩票的动机。刘玉和詹兴永[79]基于行为经济学中的前景理论全方位地研究分析彩票消费者的行为，发现了影响消费者行为的重要心理动因。本节主要根据前景理论的分析方法，分析体育彩票消费者背后的心理动机，进而为体育彩票的运营管理者在定价方面给出有效的策略建议，为体育彩票运营管理者提供理论参考。

5.3.1 单一奖项情形

假设体育彩票发行中心发行某种彩票 k 张，体育彩票消费者愿意付出的每张彩票售价为 c，$c>0$；设定 1 种奖项，且只有 1 名，为 $R(c)=Mc$，$M>1$；则该奖项的获奖概率为 $p=\frac{1}{k}$，亏损的概率为 $1-p=\frac{k-1}{k}$，根据前景理论，则彩票消费者选择购买彩票的前景价值函数为

$$\begin{aligned} V(p,c) &= \pi^{-}(p)v(-c)+\pi^{+}(1-p)v[R(c)] \\ &= -\pi^{-}(p)\cdot\lambda c^{\beta}+\pi^{+}(1-p)\cdot M^{\alpha}c^{\alpha} \end{aligned} \tag{5-6}$$

分别求解价值函数关于 c 的一阶条件和二阶导数

$$\frac{\partial V(p,c)}{\partial c}=-\pi^{-}(p)\cdot\beta\lambda c^{\beta-1}+\pi^{+}(1-p)\cdot\alpha M^{\alpha}c^{\alpha-1}=0 \tag{5-7}$$

$$\frac{\partial^2 V(p,c)}{\partial c^2}=-\pi^{-}(p)\cdot\beta(\beta-1)\lambda c^{\beta-2}+\pi^{+}(1-p)\cdot\alpha(\alpha-1)M^{\alpha}c^{\alpha-2} \tag{5-8}$$

要使该问题得到最优解，则需满足 $\frac{\partial^2 V(p,c)}{\partial c^2}<0$

即满足 $c^{\beta-\alpha}>\frac{\alpha-1}{\beta-1}\cdot\frac{\pi^{+}(1-p)}{\pi^{-}(p)}\cdot\frac{\alpha M^{\alpha}}{\beta\lambda}=\Delta$　　(5-9)

由一阶条件，可得 $c^{\beta-\alpha}=\frac{\pi^{+}(1-p)}{\pi^{-}(p)}\cdot\frac{\alpha M^{\alpha}}{\beta\lambda}=\frac{\beta-1}{\alpha-1}\cdot\Delta$　　(5-10)

在前景理论中，有 $\beta>\alpha>1$，则由该式可知，当 $\beta>\alpha$ 时，有 $c^{\beta-\alpha}=\frac{\beta-1}{\alpha-1}\cdot\Delta>\Delta$，即 $\frac{\partial^2 V(p,c)}{\partial c^2}<0$，则该问题存在最优解。

根据前景理论，有 $\pi^{-}(p)=\frac{p^{\gamma}}{[p^{\gamma}+(1-p)^{\gamma}]^{\frac{1}{\gamma}}}$，$\pi^{+}(1-p)=\frac{(1-p)^{\gamma}}{[(1-p)^{\gamma}+p^{\gamma}]^{\frac{1}{\gamma}}}$

因此，每张彩票最优的定价为：

$$c^{*}=\left[\frac{\pi^{+}(1-p)}{\pi^{-}(p)}\cdot\frac{\alpha M^{\alpha}}{\beta\lambda}\right]^{\frac{1}{\beta-\alpha}}=\left[\frac{(1-p)^{\gamma}}{p^{\gamma}}\cdot\frac{\alpha M^{\alpha}}{\beta\lambda}\right]^{\frac{1}{\beta-\alpha}}=\left[(k-1)^{\gamma}\cdot\frac{\alpha M^{\alpha}}{\beta\lambda}\right]^{\frac{1}{\beta-\alpha}} \tag{5-11}$$

5.3.2　多种奖项情形

假设体育彩票中心发行 k 张彩票，$k>0$；体育彩票购买者愿意付出的每张彩票售价为 c，$c>0$；共设定了 n 种奖项，第 i 等奖的奖金额度分别为 $R_i(c)=i\cdot Mc$，$i=1,2,\cdots n$；获奖概率分别为 p_i，$i=1,2,\cdots n$；亏损概率为 p_{n+1}。根据前景理论，则彩票购买者选择购买彩票的前景价值函数为

$$
\begin{aligned}
V(p,c) &= \pi^{+}(p_1)v[R_1(c)] + \pi^{+}(p_2)v[R_2(c)] + \cdots + \\
&\quad \pi^{+}(p_n)v[R_n(c)] + \pi^{-}(p_{n+1})v(-c) \\
&= \pi^{+}(p_1)\cdot M^{\alpha}c^{\alpha} + \pi^{+}(p_2)\cdot 2^{\alpha}M^{\alpha}c^{\alpha} + \cdots + \\
&\quad \pi^{+}(p_n)\cdot n^{\alpha}M^{\alpha}c^{\alpha} - \pi^{-}(p_{n+1})\cdot \lambda c^{\beta} \\
&= [\pi^{+}(p_1) + \pi^{+}(p_2)\cdot 2^{\alpha} + \cdots + \\
&\quad \pi^{+}(p_n)\cdot n^{\alpha}]M^{\alpha}c^{\alpha} - \pi^{-}(p_{n+1})\cdot \lambda c^{\beta}
\end{aligned} \tag{5-12}
$$

分别求解价值函数关于 c 的一阶条件和二阶导数

$$
\begin{aligned}
\frac{\partial V(p,c)}{\partial c} &= [\pi^{+}(p_1) + \pi^{+}(p_2)\cdot 2^{\alpha} + \cdots + \pi^{+}(p_n)\cdot n^{\alpha}]\cdot \\
&\quad \alpha M^{\alpha}c^{\alpha-1} - \pi^{-}(p_{n+1})\cdot \lambda\beta c^{\beta-1} = 0
\end{aligned} \tag{5-13}
$$

$$
\begin{aligned}
\frac{\partial^2 V(p,c)}{\partial c^2} &= [\pi^{+}(p_1) + \pi^{+}(p_2)\cdot 2^{\alpha} + \cdots + \pi^{+}(p_n)\cdot n^{\alpha}]\cdot \alpha(\alpha-1)M^{\alpha}c^{\alpha-2} - \\
&\quad \pi^{-}(p_{n+1})\cdot \beta(\beta-1)\lambda c^{\beta-2}
\end{aligned} \tag{5-14}
$$

要使得该问题得到最优解，则需满足 $\frac{\partial^2 V(p,c)}{\partial c^2} < 0$

即满足 $c^{\beta-\alpha} > \frac{[\pi^{+}(p_1) + \pi^{+}(p_2)\cdot 2^{\alpha} + \cdots + \pi^{+}(p_n)\cdot n^{\alpha}]\cdot \alpha(\alpha-1)M^{\alpha}}{\pi^{-}(p_{n+1})\cdot \beta(\beta-1)\lambda} = \Delta$

(5-15)

由一阶条件，可得

$$
c^{\beta-\alpha} = \frac{[\pi^{+}(p_1) + \pi^{+}(p_2)\cdot 2^{\alpha} + \cdots + \pi^{+}(p_n)\cdot n^{\alpha}]\cdot \alpha M^{\alpha}}{\pi^{-}(p_{n+1})\cdot \beta\lambda} = \frac{\beta-1}{\alpha-1}\cdot\Delta \tag{5-16}
$$

在前景理论中，有 $\beta>\alpha>1$，则由该式可知，当 $\beta>\alpha$ 时，有 $c^{\beta-\alpha} = \frac{\beta-1}{\alpha-1}\cdot\Delta > \Delta$，即 $\frac{\partial^2 V(p,c)}{\partial c^2} < 0$，则该问题存在最优解。因此，每张彩票最优的定价为

$$
c^{*} = \left[\frac{\pi^{+}(p_1) + \pi^{+}(p_2)\cdot 2^{\alpha} + \cdots + \pi^{+}(p_n)\cdot n^{\alpha}}{\pi^{-}(p_{n+1})}\cdot\frac{\alpha M^{\alpha}}{\beta\lambda}\right]^{\frac{1}{\beta-\alpha}} \tag{5-17}
$$

下面考虑不同奖项设定情况下的最优彩票设计。

1. 多种奖项且名额相等

设定的 n 种奖项中，每种奖项各一名，分别为：n 等奖，1 名；$n-1$ 等奖，1 名；…1 等奖，1 名，$n>0$；则有 $\sum_{i=1}^{n} R_i(c)=\frac{n(n+1)}{2}Mc$，则每一种奖项的获奖概率分别为 $p_i=\frac{1}{k}, i=1,2,\cdots,n$；亏损的概率为 $p_{n+1}=1-\frac{n}{k}$。

根据前景理论，有

$$\pi^+(p_i)=\frac{\left(\frac{1}{k}\right)^\gamma}{\left[\left(\frac{1}{k}\right)^\gamma+\left(1-\frac{1}{k}\right)^\gamma\right]^{\frac{1}{\gamma}}}, i=1,2,\cdots,n,$$

$$\pi^-(p_{n+1})=\frac{\left(1-\frac{n}{k}\right)^\gamma}{\left[\left(1-\frac{n}{k}\right)^\gamma+\left(\frac{n}{k}\right)^\gamma\right]^{\frac{1}{\gamma}}}$$

则有

$$\frac{\pi^+(p_1)+\pi^+(p_2)\cdot 2^\alpha+\cdots+\pi^+(p_n)\cdot n^\alpha}{\pi^-(p_{n+1})}=\frac{n}{(k-n)^\gamma}\cdot$$
$$\left[\frac{\left(\frac{n}{k}\right)^\gamma+\left(1-\frac{n}{k}\right)^\gamma}{\left(\frac{1}{k}\right)^\gamma+\left(1-\frac{1}{k}\right)^\gamma}\right]^{\frac{1}{\gamma}}\cdot(1+2^\alpha+\cdots+n^\alpha) \tag{5-18}$$

因此，每张彩票最优的定价为

$$c^*=\left\{\frac{n}{(k-n)^\gamma}\cdot\left[\frac{\left(\frac{n}{k}\right)^\gamma+\left(1-\frac{n}{k}\right)^\gamma}{\left(\frac{1}{k}\right)^\gamma+\left(1-\frac{1}{k}\right)^\gamma}\right]^{\frac{1}{\gamma}}\cdot(1+2^\alpha+\cdots+n^\alpha)\cdot\frac{\alpha M^\alpha}{\beta\lambda}\right\}^{\frac{1}{\beta-\alpha}} \tag{5-19}$$

体育彩票中心募集到的资金总额为

$$TR=kc^*-\sum_{i=1}^{n}R_i(c^*)=(k-M\sum_{i=1}^{n}i)c^*=\left[k-\frac{n(n+1)}{2}M\right]c^* \tag{5-20}$$

2. 多种奖项且名额递增

设定的 n 种奖项中，每种奖项名额递增，分别为：n 等奖，n 名；$n-1$ 等奖，$n-1$ 名；…1 等奖，1 名，$n>0$；则有

$$\sum_{i=1}^{n} R_i(c) = n \cdot 1Mc + (n-1) \cdot 2Mc + \cdots + 2 \cdot (n-1)Mc + 1 \cdot nMc \tag{5-21}$$

则每一种奖项的获奖概率分别为

$$p_i = \frac{n-i+1}{k}, i = 1,2,\cdots,n \tag{5-22}$$

亏损的概率为

$$p_{n+1} = 1 - \frac{1}{k}\sum_{i=1}^{n}(n-i+1) = 1 - \frac{1}{k}\sum_{i=1}^{n} i = 1 - \frac{n(n+1)}{2k} \tag{5-23}$$

根据前景理论,有

$$\pi^{-}(p_{n+1}) = \frac{\left[1-\frac{n(n+1)}{2k}\right]^{\gamma}}{\left\{\left[1-\frac{n(n+1)}{2k}\right]^{\gamma} + \left[\frac{n(n+1)}{2k}\right]^{\gamma}\right\}^{\frac{1}{\gamma}}}, \tag{5-24}$$

$$\pi^{+}(p_i) = \frac{\left(\frac{n-i+1}{k}\right)^{\gamma}}{\left[\left(\frac{n-i+1}{k}\right)^{\gamma} + \left(1-\frac{n-i+1}{k}\right)^{\gamma}\right]^{\frac{1}{\gamma}}}, i = 1,2,\cdots,n \tag{5-25}$$

因此,每张彩票最优的定价为

$$c^{*} = \left\{\frac{\frac{\left\{\left[1-\frac{n(n+1)}{2k}\right]^{\gamma} + \left[\frac{n(n+1)}{2k}\right]^{\gamma}\right\}^{\frac{1}{\gamma}}}{\left[1-\frac{n(n+1)}{2k}\right]^{\gamma}}}{\left\{\begin{array}{l}\frac{\left(\frac{n}{k}\right)^{\gamma}}{\left[\left(\frac{n}{k}\right)^{\gamma}+\left(1-\frac{n}{k}\right)^{\gamma}\right]^{\frac{1}{\gamma}}} + \\ \frac{\left(\frac{n-1}{k}\right)^{\gamma}}{\left[\left(\frac{n-1}{k}\right)^{\gamma}+\left(1-\frac{n-1}{k}\right)^{\gamma}\right]^{\frac{1}{\gamma}}} \cdot 2^{\alpha} + \cdots + \\ \frac{\left(\frac{1}{k}\right)^{\gamma}}{\left[\left(\frac{1}{k}\right)^{\gamma}+\left(1-\frac{1}{k}\right)^{\gamma}\right]^{\frac{1}{\gamma}}} \cdot n^{\alpha}\end{array}\right\} \cdot \frac{\alpha M^{\alpha}}{\beta\lambda}}\right\}^{\frac{1}{\beta-\alpha}} \tag{5-26}$$

体育彩票中心募集到的资金总额为

$$TR = kc^* - \sum_{i=1}^{n} R_i(c^*) = \{k - [n + (n-1) \cdot 2 + \cdots + 2 \cdot (n-1) + 1 \cdot n]M\}c^* \tag{5-27}$$

5.3.3 算例分析

依据前景理论，设定以下参数：$\alpha=1.1$，$\beta=5.5$，$\lambda=2.25$，$\gamma=0.3$，$M=100$，$k=1\ 000\ 000$，分别考虑名额相等和名额递增两种情形，比较奖级 $n=3$、5、7、9 情况下的体育彩票单位定价和募集资金总额。体育彩票定价及募集资金总额对比分析计算结果如表 5-1 所示。

通过计算可以发现，无论奖级的名额是相等或是递增，奖级设定越多，单位体育彩票定价也会越高。体育彩票商募集到的资金总额越大，名额递增情形下的体育彩票定价就越合理，而名额相等情形下的体育彩票定价则偏高。

表 5-1　体育彩票定价及募集资金总额对比分析

奖级	名额相等		名额递增	
	单位定价(元)	资金总额(元)	单位定价(元)	资金总额(元)
3	1.40	1 395 780.36	1.10	1 103 727.27
5	1.95	1 948 182.58	1.40	1 395 318.23
7	2.44	2 437 237.33	1.65	1 634 306.56
9	2.90	2 884 726.07	1.87	1 836 124.59

5.4　体育彩票消费者行为的策略分析

在发行彩票数量确定和保障盈利的情况下，相对于体育彩票产品设计和发行实务，体育彩票产品设计和发行商可以从突破传统的三个奖级制度中寻找出路，设计多元化的奖级，比如五等奖、七等奖、九等奖等，且相应奖级名额数也应随着奖级的奖金额度递减而递增。通过增加奖级及名额数，促进体育彩票消费者对于发生小概率事件的适度高估，有助于提高消费者的购买和投机欲望，进一步提高体育彩票的发行和销售量；同时，有益于体育彩票公益事业的发展。具体可从以下两方面加以说明。

（1）以足球彩票为例，要猜中所有比赛中的12场以上的结果才有可能获得二等奖以上的奖项。实际上，由于受到错综复杂的干扰因素的影响，基本上没有哪个体育彩票消费者可以猜对10场以上的比赛结果。由此可见，目前我国体育彩票的规则决定了体育彩票的中奖可能性是微乎其微的。大多数人购买体育彩票的公益意识不足，中奖意识较强，这也表明体育彩票获奖可能性越高，消费者购买的积极性越高。因此，结合本研究的结论，对于体育彩票产品设计和发行商来说，设定较多的奖级、较高的奖金额度以及较多的名额，进一步提高中奖比率，可以促进体育彩票消费者对于小概率中奖事件的适度高估，进而刺激消费者的购买和投机欲望，提高体育彩票的发行和销售量。

（2）形式多样的广告和舆论宣传对于体育彩票发行的成败起着直接作用。适度提高体育彩票中奖者个人得益的宣传力度，大力宣传消费者购买体育彩票所带来的公共效益，可以吸引更多的消费者在经济能力承受范围之内购买；体育彩票发行方应该多关注购买体育彩票的积极意义，尤其是其公益性，培养体育彩票消费者的积极奉献精神。

第六章

体育彩票消费者行为的演化博弈分析

根据上述研究，我们发现诸多因素能够影响体育彩票消费者的购买行为；同时，体育彩票消费者的行为动机具有很强的前景预期性。在此基础上，我们也看到，体育彩票市场的消费问题离不开体育彩票发行方和购买者行为之间的相互影响，彩票发行方与彩票购买者存在着不同角度的策略对抗关系，并且两者在相互学习的过程中会有形或无形地影响彼此的决策以及之后的调整，从而无限逼近最优。而前人所做的研究旨在说明，体育彩票发行方对购买者的影响没有充分考虑两者之间的有限理性以及进化博弈的过程。基于此，本研究认为体育彩票发行方是以利益最大化为目的，因此将发行者和购买者分别看作一个博弈群体，建立对应的演化博弈模型，分析其进化稳定策略，从而揭示其博弈动力过程和演化趋势。

6.1 体育彩票发行方与体育彩票购买者的博弈过程分析

体育彩票发行方在确定彩票价格时，由于经济环境和所遇到的决策问题通常错综复杂，很难一次性制定出一套完美且行之有效的销售和价格体系。因此，发行方与购买者之间的博弈过程是相互影响和相互反应的反复博弈过程，其策略调整可用“选择策略—演化—选择新策略—再演化”的演化博弈复制动态机制来模拟。基于此，笔者选用演化博弈模型来分析两者之间的行为演化路径。

6.1.1 假设条件

(1) 博弈过程中的主体即所有发行方和所有体育彩票购买者都应满足有限理性的原则，发行方和购买方之间的策略会相互影响，相互反应。

体育彩票的消费者容易产生撞大运或者从众等心理，这对体育彩票消费决策产生了重要影响，从而使体育彩票消费行为呈现有限理性特征。导致体育彩票消费市场有限理性的主要原因有如下几个方面。①体育彩票购买者的知识不完备。人们往往在消费中力争理性，但这种体育彩票购买行为往往被束缚在自己的知识限度内，正如第三章的实证研究所证明的那样，高学历的群体购买体育彩票的可能性大大低于低学历群体，这正说明知识越是完备的消费者越是能够抵御体育彩票大奖的诱惑。②由于博彩行为具有不确定性，体育彩票购买者很难预知结果。因为中奖结果后于购买行为，所以体育彩票消费者无法在进行决策前获得确切的结果。③就体育彩票购买的这种真实行为而言，购买者能够选择的决策方案只有几个。

体育彩票购买者的有限理性主要表现为如下几种类型。①体育彩票销售网点附近的居民更倾向于购买体育彩票。他们会在毫无理性分析的情况下习惯性地购买体育彩票。②规律性购买体育彩票。部分体育彩票购买者形成规律性购买体育彩票的习惯，很显然，这种购买行为不是经过周密的理性分析做出的，也没有充分吸收前期购买行为结果带来的经验教训，这种购买行为只是一种理性程度不高的习惯行为而已。③偶尔撞大运式的体育彩票购买。现实中，我们往往看到有的体育彩票购买者之所以选择购买彩票，是和生活中其他事情联系起来的。有的体育彩票购买者因为某一天运气非常好，或者运气特别差而选择购买彩票，显然，这种购买行为也是有限理性的，因为彩票的中奖与否，本身与其他事件是无关的。

(2) 在博弈个体中，体育彩票发行方的主要策略是提高彩票发行价格和降低体育彩票发行价格。我们假设购买者根据发行方实行的策略来决定是购买还是不购买，且购买的比例为 x，不购买的比例为 $1-x(x\in[0,1])$；体育彩票发行方实行提高彩票发行总价的比例为 y，选择降低体育彩票发行总价的比例为 $(1-y)(y\in[0,1])$。x 和 y 均为时间 t 的函数。

(3) 在此，本研究假设体育彩票发行价格是唯一影响购买者购买行为的因素，其他外部因素既定不变。

6.1.2 体育彩票发行方与体育彩票购买者的目标函数与博弈的支付矩阵

1. 体育彩票发行方和购买者的成本收益分析

体育彩票的发行与购买是一种特殊的经济行为，这种经济行为的最显著特征在于收益是建立在一定的风险水平之上的。而对于含有风险因素之下的成本收益问题，早期经济学家通常采用期望效用理论的方法进行说明，其中最为典型的是基于伯努利效用的收益函数形式，即根据彩票的中奖概率分布计算发行量与购买者收益，如图 6-1 所示。

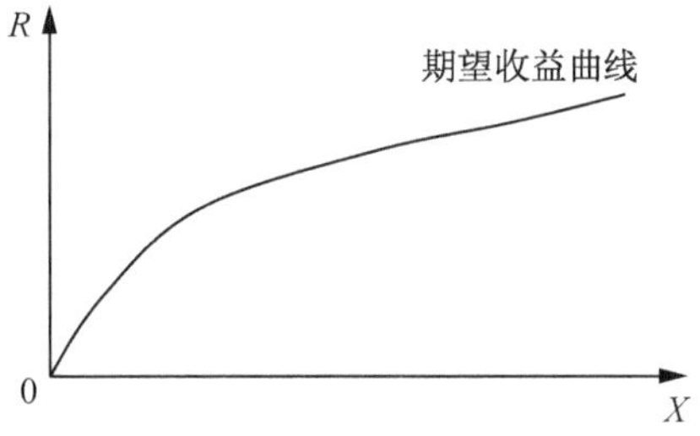

图 6-1　基于伯努利函数的期望收益曲线

然而，基于伯努利函数的期望收益是建立在主体风险中性假设基础上的，在现实情况中，尤其在博彩领域内，无论是体育彩票发行方还是购买者都不应被看作风险中性者。因此，本研究仍然基于前景理论构建体育彩票发行方和购买方的收益函数，从而得到自变量为财富值变化的 S 形收益函数形式，称为收益的凹函数、损失的凸函数，如图6-2 所示。

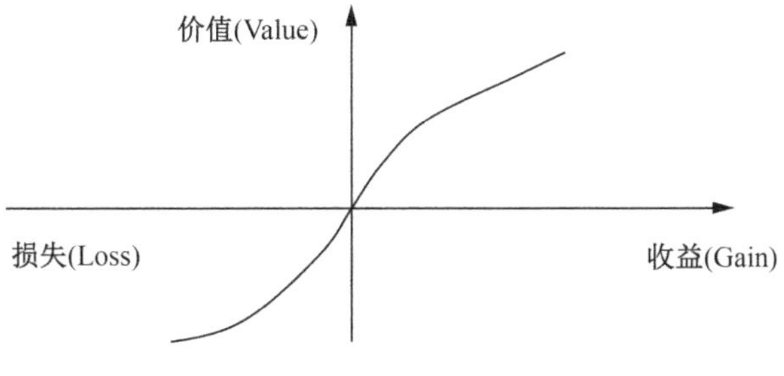

图 6-2　基于前景理论的体彩双方收益函数

在此，本研究假定体育彩票发行方制定的彩票发行总价格为 P，彩票潜在奖金支出为 βP，其中 β 为中奖的概率（为体现体育彩票购买行为的前景理论属性，这里 β 系统性地给予小概率过大的权重，给予大概率过小的权重）。另一方面，彩票潜在奖金支出 βP 即为体育彩票购买方的潜在收益函数，需要注意的是，体育彩票发行方制定的策略不同，博弈双方的目标函数值也相应不同。设 P_1 为提高后的彩票发行总价，P_2 为降低后的彩票发行总价，显然，$P_1>P_2$；C_1 和 C_2

分别为体育彩票购买方的购买成本和体育彩票发行方的发行成本，显然，$C_1>C_2$。因而，体育彩票发行方对应的利润函数分别为$(1-\beta)P_1-C_2$和$(1-\beta)P_2-C_2$，体育彩票购买方对应的利润函数为βP_1-C_1和βP_2-C_1。

2. 体育彩票发行方和购买者博弈的支付矩阵

基于上面的相关假设以及不同策略下对应的目标函数，我们推导并演化出如表6-1所示的博弈的支付矩阵。

表6-1　体育彩票发行方与购买方博弈的支付矩阵

	提高彩票总价(y)	降低彩票总价($1-y$)
购买(x)	$\beta P_1-C_1,(1-\beta)P_1-C_2$	$\beta P_2-C_1,(1-\beta)P_2-C_2$
不购买($1-x$)	$0,-C_2$	$0,-C_2$

需要说明的是，虽然表6-1的支付矩阵看似比较简单，然而它表示的是有限理性博弈方决策时的情况。因此，我们不能简单地按照完全理性情况下，通过画线法或者寻找占优策略的方式确定纳什均衡，因为只有完全理性的博弈方，才能深刻认识到购买体育彩票是一种不利赌局，并最终影响到其决策行为。只有在完全理性下，体育彩票购买方的收益函数βP才小于其心目中相同数量的“钱”的价值。然而，体育彩票的购买者多数为有限理性者，虽然从常识上知道体育彩票消费是一种不利赌局，但是他们相信自己的技巧、预测能力或所拥有的独特信息。此时表6-1的支付矩阵就不能简单地寻找其纳什均衡结果了，而需要在不完全理性框架下，通过演化博弈来探讨双方的博弈均衡结果。

6.2　体育彩票发行方与购买者博弈的复制动态和进化稳定策略

由于体育彩票发行方和购买者在判断力及认知上存在局限性，因而政策和投资很难在短时间内达到最好的状态。在博弈过程中，发行方与购买方之间会相互影响，从而反复博弈，这种策略上的调整和生物进化过程中的“复制动态”(Replicator Dynamics)机制很类似，并且其有效均衡特征与生物进化博弈的“进化稳定策略”(Evolutionary Stable Strategy，ESS)十分相似。

6.2.1　体育彩票发行方与购买者博弈模型的复制动态

根据上述假设，我们可以得出体育彩票发行方和购买者的期望得益。首先，

我们确定购买者采取“购买”策略的期望收益 u_1^b 为

$$u_1^b = y(\beta P_1 - C_1) + (1-y)(\beta P_2 - C_1) = \beta[yP_1 + (1-y)P_2] - C_1 \tag{6-1}$$

购买者采取“不购买”策略的期望收益 u_1^n 为

$$u_1^n = y \cdot 0 + (1-y) \cdot 0 = 0 \tag{6-2}$$

购买者的平均收益 $\bar{u}_1$ 分别为

$$\bar{u}_1 = xu_1^b + (1-x)u_1^n = x\{\beta[yP_1 + (1-y)P_2] - C_1\} \tag{6-3}$$

由此可得,购买者选择“购买”策略的复制动态方程为

$$\frac{\mathrm{d}x}{\mathrm{d}t} = x(u_1^b - \bar{u}_1) = x(1-x)\{\beta[yP_1 + (1-y)P_2] - C_1\} \tag{6-4}$$

同理可得,体育彩票发行方采取“提高彩票发行总价”策略的期望收益 u_2^i 为

$$u_2^i = x[(1-\beta)P_1 - C_2] - (1-x)C_2 = x(1-\beta)P_1 - C_2 \tag{6-5}$$

体育彩票发行方采取“降低彩票发行总价”策略的期望收益 u_2^r 为

$$u_2^r = x[(1-\beta)P_2 - C_2] - (1-x)C_2 = x(1-\beta)P_2 - C_2 \tag{6-6}$$

体育彩票发行方的平均收益 $\bar{u}_2$ 分别为

$$\begin{aligned}\bar{u}_2 &= yu_2^i + (1-y)u_2^r \\ &= y[x(1-\beta)P_1 - C_2] + (1-y)[x(1-\beta)P_2 - C_2]\end{aligned} \tag{6-7}$$

由此可得,体育彩票发行方选择“提高彩票发行总价”策略的复制动态方程为

$$\frac{\mathrm{d}y}{\mathrm{d}t} = y(u_2^i - \bar{u}_2) = y(1-y)(u_2^i - u_2^r) = y(1-y)x(1-\beta)(P_1 - P_2) \tag{6-8}$$

式(6-4)和式(6-8)表明体育彩票发行方和购买方动态的群体博弈过程。由此可得,关于两个群体博弈方的动态复制方程组如式(6-9)所示。

$$\begin{cases}\dfrac{\mathrm{d}x}{\mathrm{d}t} = x(1-x)\{\beta[yP_1 + (1-y)P_2] - C_1\} \\[2ex] \dfrac{\mathrm{d}y}{\mathrm{d}t} = y(1-y)x(1-\beta)(P_1 - P_2)\end{cases} \tag{6-9}$$

6.2.2 体育彩票发行方与购买者博弈模型的进化稳定策略

消费市场中供给者和消费者之间的博弈是常见的经济博弈问题，也是典型的动态博弈情形。体育彩票市场中发行方和购买者之间的博弈也是如此，体育彩票市场的发行方和购买者（两个博弈方）之间的选择并非同时，并且不同策略的选择与其对应的收益情况也呈现不对称的关系，所以这属于非对称的两人博弈。

体育彩票市场有限理性下的动态博弈通常是彩票购买者达成购买行为的策略稳定状态，而后体育彩票发行方根据市场反应，以一种动态的方式去对体育彩票的发行要素进行调整，进而形成体育彩票发行方的进化稳定策略状态。因此，本小节分别从体育彩票购买者和体育彩票发行方两个角度探讨各自的进化稳定策略问题，进而为下一部分博弈双方策略的稳定性分析打下基础。

基于弗里德曼的观点，式(6-9)的模型中的均衡点稳定性可以通过系统的雅可比矩阵（Jacobi Matrix）的局部稳定性分析获得。令 $F_1 \equiv \frac{dx}{dt}=0$，$F_2 \equiv \frac{dy}{dt}=0$，在平面$\{(x,y):0\leqslant x,y\leqslant 1\}$上，该二维连续动态系统有 4 个局部均衡点：

$$(x^*,y^*)=\{(0,0),(0,1),(1,0),(1,1)\}$$

分别求解 F_1 和 F_2 关于 x 和 y 的微分，得

$$\frac{\partial F_1}{\partial x}=(1-2x)\{\beta[yP_1+(1-y)P_2]-C_1\} \tag{6-10}$$

$$\frac{\partial F_1}{\partial y}=x(1-x)[\beta(P_1-P_2)-C_1] \tag{6-11}$$

$$\frac{\partial F_2}{\partial x}=y(1-y)(1-\beta)(P_1-P_2) \tag{6-12}$$

$$\frac{\partial F_2}{\partial y}=(1-2y)x(1-\beta)(P_1-P_2) \tag{6-13}$$

在此基础上，我们可以得到该系统的雅可比矩阵及其对应的行列式（Determinant）和迹（Trace）

$$J=\begin{bmatrix}\frac{\partial F_1}{\partial x} & \frac{\partial F_1}{\partial y}\\ \frac{\partial F_2}{\partial x} & \frac{\partial F_2}{\partial y}\end{bmatrix},Det(J)=|J|=\frac{\partial F_1}{\partial x}\frac{\partial F_2}{\partial y}-\frac{\partial F_1}{\partial y}\frac{\partial F_2}{\partial x},Tr(J)=\frac{\partial F_1}{\partial x}+\frac{\partial F_2}{\partial y} \tag{6-14}$$

二维连续动态系统的局部均衡点可以由该系统的雅可比矩阵的行列式和迹的符号来判断。

通过分析可以得出 $x^*=1, y^*=1$ 为进化稳定策略。无论初始状态在何处，都会收敛到进化稳定策略 $x^*=1, y^*=1$，即体育彩票发行方会采取“提高彩票发行总价”策略，购买者会采取“购买”策略。

同时，从以上模型分析结果可以看出，体育彩票发行方与体育彩票购买方策略选择的 ESS(进化稳定策略)的实现取决于模型参数的取值范围，也就是说，无论体育彩票发行方还是体育彩票购买者所达到的策略稳定状态，均不是十分稳定的，其稳定性对参数的敏感性较强。因此，在买卖双方信息不对称情况下，对体育彩票发行市场的监管应不断规范和严格，这样才能使得体育彩票购买者通过学习、模仿成功者的消费行为，形成良性体育彩票消费行为，促进体育彩票市场的健康发展。

6.3　体育彩票消费行为演化博弈模型的结果分析

通过体育彩票发行者和体育彩票购买者行为的演化博弈模型分析可知，体育彩票发行者追求的进化稳定状态为实现体育彩票销售收入的最大化，从而实现募集更多福利、公益资金的初衷。当前，我国体育彩票发行者收入由两部分组成，分别为扣除收入与税收收入，因而体彩的发行方以扣除收入和税收收入之和的最大化来达到体育彩票总收入的最大化。体育彩票的扣除收入和税收收入以体育彩票销售收入为基数，设定一个固定提取比例系数。因此，体育彩票发行方要实现收入最大化只能通过实现体育彩票销售总额最大化的途径来实现。根据体育彩票消费行为的进化稳定策略分析，体育彩票发行方将不可避免地趋向如下发行行为。

1. 体育彩票发行方倾向于提高体育彩票发行价格

由模型分析可知，一旦有体育彩票发行方选择“提高彩票发行总价”策略，其他体育彩票发行方也会相应调整策略。根据经济学的供给-需求理论，当体育彩票的需求价格弹性刚好为−1 时，提高体育彩票价格所带来的效应刚好呈现如下效果：价格提升所增加的销售总额正好被由价格升高所带来的体育彩票销售量下降而引起的销售额下降所抵消，这时体育彩票发行方销售额实现最大化；如果体育彩票需求是富有价格弹性的，那么提高体育彩票销售价格将使销售额提高。

当前，我国体育彩票品种的普遍需求价格弹性绝对值远远小于1，这就表明发行方主要偏向于采用提高体彩价格这一方式来提高对应的销售额。演化博弈模型中体育彩票发行方的进化稳定策略结果也说明了这一点。

2. 体育彩票发行方千方百计增加体育彩票需求以提高销售额

由模型分析可知，体育彩票发行方采取“提高彩票发行总价”策略时，购买者会采取“购买”策略。可见，体育彩票发行方提高彩票发行总价时，将对体育彩票需求量产生积极的影响，能促进彩票购买。此外，体育彩票发行方还会想尽办法改进体育彩票规则，通过增加体育彩票的娱乐性以及提高中奖概率等手段，扩大体育彩票需求，提高体育彩票发行方的体育彩票销售量和销售总额。

总之，通过体育彩票市场发行方与消费者行为的演化博弈分析可知，购买体育彩票既是一种具有娱乐性的消费，又是一种具有良好预期的投机消费。这种消费行为通过漫长的演化博弈达到交易双方（体育彩票发行方和体育彩票购买方）的进化稳定策略状态。在这种状态下，每位体育彩票购买者的投资风险较小，个别体育彩票购买者又有可能获得巨大收益。同时，体育彩票市场基本上是一个信息对称的市场，在这样的市场下，人们购买体育彩票能感到公平的存在。我国体育彩票市场管理方需要努力创造良好的公平的体育彩票市场环境，坚决避免体育彩票市场的道德风险和逆向选择行为，使体育彩票发行方和体育彩票购买者的博弈行为逐渐向帕累托更优的均衡结果迈进，从而有效地促进体育彩票市场的健康持续发展。

第七章
体育彩票事业发展的政策保障体系

7.1 建立健全体育彩票法律监管机制

1. 设立专门的国家体育彩票监管机构

我国现行的体育彩票运作方式采用的是多元管理模式，由多个主体共同负责。《彩票管理条例》明确规定国务院财政部门负责全国的彩票监督管理工作，而国务院民政部门、体育行政部门按照各自的职责分别负责全国的福利彩票、体育彩票管理工作；国务院体育行政部门依法设立的体育彩票发行机构，负责全国的体育彩票发行和组织销售工作[80]。政出多门往往导致我国体育彩票发行管理不到位；且在多头监管机制下，政府部门之间权责不清，极易造成管理效率低下以及监管不力等诸多问题。目前，我国体育彩票事业正在飞速发展，体育彩票市场经营规模逐渐成长扩大。随着体育彩票发行量愈来愈大，参与人数越来越多，不到位的监管行为将会对体育彩票消费者的合法权益造成极大损害。我国体育彩票市场的良性发展取决于符合我国行政管理体制特征的体育彩票监管机制的建立健全[81]。因此，我国体育彩票市场亟须组建专业的、高效的、相对独立的体育彩票监管机构。

从我国的行政管理特点来看，不完全独立的监管模式无法满足我国体育彩票市场的发展要求。借鉴国外较成熟的体育彩票监管制度，建议设立国家彩票监管委员会，统一负责我国体育彩票市场的监管工作。作为我国一元的体育彩票市场的监管主体，国家体育彩票监管委员会应直接隶属国务院，由中央人民政府垂直管理，具有相对独立性，不受其他部门干涉制约。国家体育彩票监管委员会负责监管我国体育彩票的发行、销售、开奖以及公益金的使用等管理工作；包括体育彩票发行管理的相关法律法规及营运规则的制定、体育彩票发行销售的资格审查，以及公益金分配使用的申请审批等具体工作。

2. 完善体育彩票市场的监督机制

我国体育彩票市场起步较晚,相较于西方发达国家,我国的体育彩票市场监督机制尚不完善。首先,我国体育彩票公证制度还不够成熟,需要不断加强对体育彩票公证机构的监督。我国体育彩票的公证机构负责监督管理体育彩票开奖摇奖现场,确保整个过程不出差错,其地位十分重要。为了有效落实体育彩票公证机构的监督权,切实保障体育彩票消费者的合法权益,须进一步加强对我国体育彩票公证机构的监督。一是完善公证的相关规章制度,从制度层面加强对公证机构的监督;二是引入新闻媒体的监督机制,通过媒体披露公证机构的违法违规操作,有效制约公证机构的权力;三是定期对公证机构的相关人员进行审计,审查公证机构执行监督的过程行为;四是提高公证机构的透明度,鼓励体育彩票消费者参与监督。

其次,我国体育彩票公益金的筹集、分配和使用的监督管理尚没有完善的机制,这严重阻碍了我国体育彩票事业的运作以及我国体育事业的发展。体育彩票公益金的筹集、分配和使用需按照严格的法定程序进行,且离不开社会各方的审计监督。公益金理应"取之于民,用之于民",但在实际运行中因缺乏成熟的审计监督机制以及社会监督机制,公益金的分配和使用出现诸多问题,需要不断完善相关机制。关于完善体育彩票公益金的审计监督机制的措施,一是要严格按照体育彩票的相关法律法规和公益金的管理使用规定,全面监督体育彩票公益金的筹集、分配和使用过程;二是要及时审查核对体育彩票公益金的资助计划、会计账目等,评估其使用方向的正确性,调查收支账目的真实性;三是严厉打击内部工作人员的腐败行为,严肃处理违法违规行为,按照司法程序进行处罚。关于体育彩票公益金的社会监督机制的完善措施,主要是通过鼓励社会各方主体参与,有效监督体育彩票公益金的筹集、分配和使用过程。具体来说,一方面要充分利用社会媒体的舆论报道,引导社会大众参与体育彩票市场的监督;通过媒体的宣传报道,督促体育彩票公益金的管理部门进行内部监督。另一方面要求管理部门加强体育彩票公益金筹集、分配和使用相关信息的公开力度。

7.2 充分利用体育彩票消费者的博彩动机

1. 彩票中奖概率的高估是体育彩票消费者购买彩票的动机

依据前述体育彩票购买动机的前景理论分析,体育彩票消费者对预计收益的乐观情绪直接表现为过高估计获奖可能性，而有限理性行为贯穿于整个彩票购买过程之中，具体表现为其预期收益远远大于其所付出的成本。由此可以看出，在彩票的销售过程中，尽可能地用一些合适的方法来刺激体育彩票消费者对未来收益的乐观情绪，能够有效地促使体育彩票消费者高估彩票的价值。因为体育彩票消费者的动机源于对获奖可能性的乐观情绪，故细分出体育彩票消费者对彩票的关注点并激发其购彩动机。①超额的奖金回报。其归因于体育彩票消费者对彩票未来收益过于乐观的思想情绪。②小额奖金的中奖可能性。无论是超额奖金还是小额奖金，体育彩票消费者对于未来收益的情绪相当乐观，但超额的奖金是体育彩票消费者更为关注的，利用小额奖金来刺激体育彩票消费者，从而调动他们的积极性，是抑制体育彩票消费者中奖的奖金额迅速下降的方法。③滚存金额。带有滚存的彩票，滚存金额的大小对体育彩票消费者有直接吸引力，滚存金额增大，吸引力也就越大，如目前世界流行的乐透式体育彩票对消费者就具有强烈的吸引力，这是我国当前体育彩票发行过程中应该充分重视并且加以发展的彩票形式。

2. 实施以体育彩票消费者实际需求为导向的销售策略

应根据体育彩票消费者不同群体的消费心理和习惯，设计出形式各异的品种，并采取相应的销售方式。同一群体中个体的消费心理和消费习惯是不一样的，特别是那些环境等各方面条件较差的彩票购买点，不会吸引一些社会地位相对较高的体育彩票消费者。比如，写字楼人士因为工作习惯的特殊性，针对他们的网上代购也就应运而生了。同时，依据体育彩票购买动机的实证分析，人们对待彩票的喜好程度也因人而异。此外，不同体育彩票消费者因心理特征的差异而呈现出对彩票的不同接受程度和兴趣。依据体育彩票购买动机的前景理论分析和演化博弈分析，主流彩票的品种不能过于单一，我们可以针对不同的社会人群，如老人、年轻人、妇女等设置不同的彩票品种，这样才能最大限度地扩大彩票购买的人群。同时，在成本价格和渠道拓展等方面不断加以改进，以体育彩票消费者满意为导向，制定推出不同的体育彩票销售策略。具体可以考虑如下两条措施。

（1）价格和成本相结合，实施以成本为导向的价格策略。一方面，可以考虑对体育彩票消费者施行价格“歧视”，采用折扣定价或组合定价等定价策略。对于老顾客或者购买量大的体育彩票消费者，可以有一些优惠，比如适当打折或采取“连买带送”等方式。另一方面，也可以利用彩票捆绑的方式进行组合式定价来提高销售量，从而吸引更多的体育彩票消费者参与其中。

(2) 渠道和便利性相结合,采用以改善购买者购买时的便捷程度为目的的渠道发展策略。集中销售和网点销售是目前我国体育彩票的两种主要销售方法。在我国彩票发行过程中,这两种方法一直起着非常重要的作用,但是随着我国经济社会以及信息技术的发展,这种发行渠道已经无法适应我国体育彩票业发展的客观需要,开发新的发行渠道势在必行。本研究认为可以建立三种新型渠道。一是充分利用互联网发行彩票。从彩票发行的形式上来看,不仅仅要考虑彩票的吸引力,还需考虑如何方便消费者购买体育彩票。电子商务的不断兴起对于体育彩票发行机构而言是很好的发展机遇,如何更好地抓住这一机遇,选择合适时机推出网络彩票,将能更好地推动我国体育彩票业的发展。消除购买者时间和距离上障碍的最好方式是发行网络彩票,让消费者居家网购,这样可使体育彩票购买行为更加便捷,那么消费者潜在的彩票购买力就很有可能被不断挖掘出来。二是充分利用邮政局代销。到目前为止,我国体育彩票消费者大部分来源于城市地区,农村体育彩票消费空间亟待开发,开拓农村体育彩票市场对我国彩票业的发展将有巨大的作用。在我国,邮政网络已经延伸到各个城市和农村。因此,通过邮政网络发行能够挖掘出很大一部分农村体育彩票消费者。三是充分利用彩票零售发行。彩票购买者最常去的彩票购买场所就是超市、报亭等零售终端。利用零售终端发行彩票能将全国的体育彩票消费者都囊括其中,这种销售网络的优势是任何一种网络都无法比拟的。

7.3 树立体育彩票的产品化意识

体育彩票在我国已有 40 多年发展历史,逐渐成为我国体育事业的支柱。我国体育彩票市场方兴未艾,培育和开发体育彩票市场,对我国体育产业发展及国民经济发展至关重要。面对蒸蒸日上的福利彩票市场,体育彩票市场亟须现代化转型。此外,随着中国体育彩票市场的发展,体育彩票消费者对体育彩票的需求发生了极大的变化,传统营销方式已经不能满足体育彩票消费者对体育彩票的需求。无论是我国彩票市场激烈的竞争环境,还是体育彩票消费者对体育彩票需求的变化,无不显示出体育彩票的产品化趋势是必然的结果。树立体育彩票的产品化意识,积极探索体育彩票的现代化营销策略,将有助于我国体育彩票市场的持续发展。

归纳起来,体育彩票发行主要有如下三个理由:一是给人们提供一种娱乐方式；二是为社会公益事业取得一定的资金量；三是规范博彩业经营，打击地下私彩，以减少其对广大体育彩票消费者的危害。依据本书的分析，我国国民购买体育彩票的主要原因是受有限理性影响，相较于实际的客观概率，购买者认为自己的中奖概率要大得多。此外，从彩票的主要购买者大多属于社会弱势群体的角度来看，将向这类人群销售彩票取得的公益金用于社会全体大众的公益，也不符合“公平正义”原则。然而，尽管发行彩票会带来一定的社会成本，但如果国家采用禁止措施阻止发行，在打击力度不够的情况下，体育彩票必将转向地下发行，这样所引起的社会危害将会更大。由此，彩票发行不能只追求销量或公益金的最大化，在确立目标时，一方面要综合考虑体育彩票消费者的心理状况、引发的社会问题和地下私彩等多方面因素；另一方面，要以人们的需求为前提，提供高于私下博彩的全方位服务，并通过价格、税收、宣传及法律等手段减少可能引发的社会成本，这才是我国彩票发行的根本目的。

发行体育彩票是我国体育部门的一项重要经济活动，是以筹集促进我国体育事业更好发展、增进全民健身所需部分资金为主要目的。但是，从营销管理与体育彩票购买者的消费动机来看，体育彩票已明显走向产品化。和众多研究一样，体育彩票已经完全呈现出它的产品化特征，它已经作为一种特殊商品在市场上体现出它所应有的属性。首先，体育彩票的经营管理部门要树立体育彩票发行的“成本观”和“效益观”，因为无论是在体育彩票的发行、销售还是兑奖服务上，都需要花费巨大的成本；其次，随着体育彩票消费者需求的不断增加，体育彩票的产品效用也要不断丰富，体育彩票不仅要能够满足体育彩票消费者的娱乐需要和精神需求，还要满足体育彩票消费者中大奖等心理需求；最后，随着体育彩票发行方式的变化，体育彩票的经营模式也需进行转型，运用市场营销、消费者行为学等相关理论，探索我国体育彩票的现代化营销模式，不断拓展体育彩票的分销渠道，提高体育彩票的市场竞争优势。

综上所述，体育彩票营销管理部门应该摒弃过去那种以国家政策为依托、以融资为根本目的的思想，充分理解体育彩票是可以满足人们奉献爱心、娱乐体验、消遣休闲、刺激好玩等多方面需求的消费品。基于此，在今后体育彩票的各项工作开展中，要将体育彩票的“商品观”深深植入其中，改变过去的传统观念，从思想上提高对体育彩票及其工作的认识。

7.4 实施多元化的彩票产品策略

通过调查结果的研究分析，撞大运和中大奖是我国体育彩票消费者购买彩票的两大主要动机。针对我国目前体育彩票的政策规定，要增加中奖的金额和扩大中奖面相对比较难，所以提高体育彩票的娱乐价值是为数不多的手段之一，必须最大限度地满足体育彩票消费者购买的目的，迎合消费者购买的动机。彩票的生命线在于彩票玩法的多样性，这种多样性是建立在对购买者有吸引力的基础上，只有迎合更多体育彩票购买者的玩法需求才能扩大市场份额，把握住市场的主动权。从发达国家的彩票发展经验来看，彩票玩法的市场竞争力不光在于产品品种的数量，更在于各品种对体育彩票消费者的吸引程度。体育彩票的玩法体系中如果没有一系列能够较好吸引住消费者的玩法，就没有市场竞争力，也就无法体现体育彩票个性鲜明的优势。依据体育彩票购买动机的前景理论分析和演化博弈分析，实施多元化的彩票产品策略是提升综合绩效的有效手段。实施该策略应重点关注以下几个方面。

(1) 要充分重视体育彩票市场研究，组建专业队伍收集市场信息并对收集的信息进行科学处理。收集彩票市场信息要常态化，这样才能更好地把握市场发展和变化的方向，特别要着重研究体育彩票消费群体的消费结构、消费动机、消费心理等方面。要以实时准确的市场信息为根据，制定相应的体育彩票营销策略和各项工作的侧重点。

(2) 对玩法体系进行深入研究分析，设计出满足不同消费者需求的玩法。彩票市场肯定是一个可以深入细分的市场，不同年龄、不同社会背景的人购买体育彩票的原因、偏好和消费金额也不尽相同，尤其是多元化发展较为迅速的江浙沪地区。不难发现，取得市场份额的关键在于提供给体育彩票消费者多元化的彩票产品。

(3) 要注重研究各类竞争对手开发的彩票玩法，建立与竞争对手彩票产品有显著区别的特点鲜明的玩法体系。西方发达国家经常性地改进旧的玩法、推出新的玩法以提高彩票销售量。所以，我国体育彩票要对竞争对手比如福利彩票的玩法进行研究分析，这样才能更好地改进旧玩法、推出新玩法。根据现实情况，福利彩票数字型玩法产品随着多年的经验积累已形成自己的品牌，体育彩票的数字型玩法要避免与其形成恶性竞争。取而代之的是通过创新体育彩票产品设计思路，开发特色新玩法，与福利彩票形成互补，共同开辟新的彩票市场，这样也有助于扩大体育彩票的市场份额。

（4）着重开发竞猜型体育彩票，充分发挥该类体育彩票的比较优势。我国有广大的体育爱好者和体育观赏爱好者，他们爱好体育，就更容易喜欢上竞猜各种各样赛事结果的体育彩票，充分发挥体育项目的吸引力，让他们在购买体育彩票的过程中也得到精神上和物质上的双重满足。

同时应该注意的是，改变中国体育彩票销售网络的关键在于构建速度快、购买便捷、效率较高的销售网络，加大高新科技的投入，加快通信网络体育彩票销售系统的建设等。首先要对传统的销售网点进行重新划分和设计，改变以前较为杂乱的局面，然后从划分市场的角度、销售形式的角度、销售时段的角度等方面入手，开辟崭新的销售网络渠道；同时，以确保销售渠道的安全性、流通性为原则，开辟出新的销售渠道，比如成立电话网络销售服务部，让消费者在欣赏比赛的同时购买各种体育彩票。此外，要注重加强销售队伍的培训和管控，这样才能更好地提高体育彩票销售服务质量，从而达到提高体育彩票销售量的目的。

7.5　提高体育彩票的社会公信力

体育彩票公信力反映了体育彩票运作的权威性和民主程度，是体育彩票消费者对体育彩票组织工作的信任力，是吸引体育彩票消费者愿意消费的能力。社会公信力是我国体育彩票的核心竞争力，有利于体育彩票的良好市场形象的树立，以及持续健康的市场秩序的营造。首先，鉴于政府是体育彩票发行与销售的责任主体，体育彩票消费者利益的有效保障直接与政府作为挂钩。体育彩票的公信力体现的是体育彩票消费者对政府主体的信任力，如若体育彩票公信力受损，破坏的不仅仅是体育彩票市场的稳定，更为严重的是造成广大体育彩票消费者对政府的不信任，继而引发社会信任危机，威胁整个社会的和谐。其次，体育彩票事业作为一项经济活动，高度的信誉有助于树立良好的市场形象，能够吸引更多体育彩票消费者购买体育彩票，继而推动体育事业的发展。体育彩票本身是一种特殊产品，是为国家体育事业发展筹资而开展的公益活动，反映的是体育彩票消费者对国家体育事业发展的支持心意，这就要求体育彩票的管理部门严格遵循市场经济规律，切实保护好体育彩票消费者的利益。最后，良好的公信力有利于体育彩票市场秩序的维护，这种社会公信力不仅会影响体育彩票消费者的消费行为，同时有利于体育彩票市场的稳定性和秩序性。特别是体育彩票在发行过程中所具有的经济杠杆调节功能，可为体育彩票市场的稳定持续发展创造条件。

我国体育彩票市场尚在起步阶段，体育彩票消费者权益受损将极大降低体育彩票的社会信誉度。体育彩票是一项长期事业，为促进体育彩票事业健康发展，需不断优化体育彩票市场环境。目前，体育彩票社会公信力的缺失，不仅影响了我国社会主义诚信体系的构建，对体育彩票的健康发展也造成了重重阻碍。保护体育彩票的信誉度以及规范体育彩票的运作，可树立体育彩票的可信形象，提高体育彩票的社会公信力，继而吸引体育彩票消费者消费。具体来说，在体育彩票运作的规范方面，首先是要提高政策的规范程度。我国体育彩票的发行、销售及管理等实施主体是国家政府，政策的规范性直接关系着体育彩票的运作规范程度。体育彩票的政策缺失、随意化更改等失范现象将严重降低政府的公信力，阻碍我国体育彩票市场的发展前景。其次是增强对管理人员的行为规范。在我国体育彩票事业中，管理人员的贪污腐败、中饱私囊等违法行为造成了体育彩票市场的混乱，削弱了体育彩票管理部门的公信力。再次是加强体育彩票立法体系建设。规制体育彩票市场的权威法律的缺乏，使得管理部门无法可依，而各部门多种法规并存，这不仅会扰乱体育彩票的市场秩序，也为不法人员提供了可乘之机，极不利于体育彩票市场的规范化运作。因此要不断完善体育彩票业立法体系，加快制定权威的、条理清晰的体育彩票市场法律法规，逐步规范体育彩票运作过程。体育彩票公信力缺失的重要原因之一是信息的不透明，在信息不公开的情况下，诚信自律意识的缺失会直接引发体育彩票市场的失范行为。为了保证体育彩票的信誉度，首先要建立健全信息披露的长效机制，利用报纸网络等新闻媒体，借助社会舆论对体育彩票的社会公信力进行监督，严厉打击侵害体育彩票信誉的行为。与此同时，要加强管理部门内部的诚信自律意识培养，因为难敌利益诱惑的主要原因是内心诚信意识的缺失。此外，保证体育彩票市场规范运作的重要途径之一是增强对体育彩票的监督力度，充分调动社会各方监督主体的积极性，引入新闻媒体、广大体育彩票消费者等多个监督主体，对体育彩票的发行、销售、兑奖及服务等多个方面进行监督。最后，加快体育彩票社会公信力补救机制的建立，通过司法途径妥善解决好因公信力缺失造成的体育彩票市场纠纷，能够依据明确的判罚基准线公正处理，确保体育彩票运营的合法性和规范性。

7.6 实施媒体宣传营销策略

依据体育彩票购买动机的前景理论分析和演化博弈分析，树立良好的品牌是增加体育彩票需求的有效手段。树立体育彩票品牌的关键是公益性，把支持体育事业、推动全民健身的公益性与获奖的可能性相联系是树立体育彩票影响力的核心所在。从引导体育彩票消费者正确的消费观念入手，加大购买彩票的宣传，增强体育彩票消费者的购买意识。其中，树立品牌价值的前提是宣传。可以通过及时告知人们体育彩票公益金的分配和使用情况来加大宣传力度。需要注意的是，舆论引导要积极正面，减少各种负面影响。此外，要重视体育彩票形象设计工作，吸引女性和中老年等更多类型的体育彩票购买群体，提高他们购买需求。尤其值得注意的是，要突出体育彩票公益性，让更多高收入的消费群体越来越愿意通过购买体育彩票彰显爱心，并获得价值感。

体育彩票宣传要协调好营销性、通告性以及形象性这三者之间的关系，针对不同的人群，在不同的时期制定不同的宣传策略和方法。目前，体育彩票的宣传强调体育彩票消费者对信息的可获取性，进而采取通告的方式向体育彩票消费者进行宣传，而忽略了对营销的宣传和自身形象的宣传。营销性宣传即向体育彩票消费者及时介绍各种玩法以及奖项的设定与概率，营造越来越好的体育彩票购买环境。形象性宣传即突出体育彩票公益性的特征，以树立体育彩票的良好形象。体育彩票宣传可从以下几方面着手。

（1）加强宣传内容方面的建设

宣传内容主要是指体育彩票的内涵，即购买体育彩票是一种文化娱乐休闲方式，是参与体育公益事业的具体表现形式。

针对不同的消费群体制定独特的宣传内容，从他们的兴趣爱好着手，不断丰富他们的业余文化生活。例如，男性体育彩票消费者数远远大于女性体育彩票消费者数，而且年龄层次偏低，所以在宣传上就应针对女性和老年人增加时尚和养生的内容，提高内容吸引力。

（2）借助多种多样的渠道加强宣传力度

各级各类体育彩票经营管理部门应强化与各级各类新闻和传播媒体的紧密合作，加大定点媒体广告的投入力度。如今是高速发展的信息化时代，各类信息在网络上的传播速度极其迅速，要充分利用好互联网以及传统媒介（报纸、广播、电视等），灵活和创造性地采用各种各样的宣传思路和形式，进行体育彩票的广告策划和宣传。

（3）调用一切可调用的资源来增强宣传力度

体育彩票行业人力资源是保证和提升宣传效果的基础，必须要培养和建立一支有开拓创新精神、有战斗力、懂体育彩票营销策划和广告宣传的人才队伍。宣传投入经费也是必不可少的物质保障。

一方面，我们要创建好的体育彩票品牌，国家体育彩票发行方要站在一定的高度，制定体育彩票媒体营销战略，明确体育彩票媒体营销思路，有计划地提升体育彩票品牌在经济社会生活中的影响力。

另一方面，我们要创新体育彩票的品牌玩法，其对提升体育彩票整体品牌具有很好的推动作用，比如有鲜明品牌特征的足球彩票和篮球彩票有助于人们更好更快地熟悉体育彩票品牌。体育彩票发行至今，品牌效应一直没有形成很强的持久性和可延续性，主要是因为：第一，地下私彩发展迅速，影响体育彩票更好更快的发展；第二，体育彩票不具备较强的市场敏感度，针对彩票市场变化不具备良好的应变能力，只有针对体育彩票消费者的消费心理需求，快速灵活地调整品牌玩法，才能保持和提高其市场份额。为了让体育彩票玩法多样化、特色化，除了要加强体育彩票的整体形象建设，还必须多发行主动型体育彩票（预测比赛结果的），以此激发各类体育彩票消费者的好奇性、主动性、参与性，使其在竞猜比赛结果和购买体育彩票的过程中得到充分的愉悦，那么购买者所喜欢的体育项目品牌也就深入人心了。

7.7 提升体育彩票产品的文化内涵

体育彩票不仅仅是一种筹资的经济活动，票面上所印有的号码、图形或文字，都赋予了其独特的文化形象。体育彩票本身所凝聚的科技含量以及创新性的玩法，使其具有丰富的文化内涵。随着社会文化水平的不断提高，产品的文化内涵逐渐受到消费者的重视，文化营销也越来越成为产品营销的重要策略。从以往的实践来看，我国体育彩票业一直都比较注重彩票的文化内涵建设。在体育彩票的票面图案设计上，积极地将我国地方传统体育文化以及传统习俗文化融入其中，结合现代流行元素，使其既具有中国文化特色，又符合现代时尚。我国体育彩票在营销上注入的文化要素也取得了良好的销售效果。作为我国体育事业发展资金的重要筹措渠道，体育彩票业已发展到一定规模，在这种情况下，如何进一步促进体育彩票的蓬勃发展，持续发挥体育彩票的积极作用，体育彩票的文化内涵提升不容忽视。因此，提升文化内涵、进行文化营销已势在必行。

体育彩票产品的文化内涵，指的是把体育彩票产品作为文化的载体，在满足体育彩票消费者物质需求的同时也要满足其精神上的需求，给予其文化上的享受，这在一定程度上反映了体育彩票消费者对物质和精神等各种文化要素的追求。提高体育彩票产品的文化内涵，不是喊口号，而是从体育彩票消费者的文化需求出发，将文化要素注入体育彩票的设计、发行及服务等整个过程，其核心是以人为本，以体育彩票的工作人员和体育彩票的消费者为本，既关注体育彩票的工作人员，又关注体育彩票的消费者。首先，充分调动体育彩票工作人员的积极性，加强其文化建设，共同营造体育彩票的文化氛围；其次，充分关注体育彩票消费者的心理需求，细分体育彩票市场，针对不同需求特点的消费者制定不同的体育彩票文化定位策略；最后，由于赌博游戏极易对人性造成恶性诱导，所以要宣传积极健康的文化，防止体育彩票文化的异化，抵制封建迷信等不良文化的渗透，减少体育彩票消费者的不理性行为。

提高体育彩票的文化内涵，是一个系统的工作，具体包括以下几个方面。其一是强化体育彩票的公益文化内涵。体育彩票本身是一项公益事业，包含着特有的公益性文化和慈善文化。自发行以来，我国体育彩票为体育事业和社会公益事业发展筹集了诸多的资金，但目前仍有不少体育彩票消费者不了解体育彩票的公益文化性质。如果体育彩票消费者在购买体育彩票时，怀着为体育事业和社会公益事业做贡献的爱心，将有利于中国传统慈善文化的发扬。因此，政府部门要加强体育彩票公益性文化的宣传力度，利用新闻媒体、电视广告等媒介，让体育彩票消费者了解体育彩票的公益文化性质。其二是增加体育彩票的传统文化内涵。在体育彩票的票面图案设计上，可以借助我国形式各样、各具特色的传统文化，引入生动有趣、喜闻乐见的十二生肖等传统文化形象，让我国优秀的传统文化充分融入体育彩票的设计、发行和销售中，继而吸引更多体育彩票消费者购买。其三是提高体育彩票的娱乐文化性质。娱乐是社会生活的重要内容，丰富多彩的娱乐活动使得人们生活更加有趣，其中博弈活动因为高回报的特点而让很多人乐意参与其中，有些人甚至痴迷于此，产生了不理性的购买行为。为了引导体育彩票消费者理性购买，在进行体育彩票的娱乐性宣传时，也要注意减少体育彩票这种博弈性质的宣传。其四是着力提高彩票的体育文化内涵。体育彩票本就蕴含着体育文化，因此，一方面体育彩票有义务传承与发展体育文化，另一方面，体育彩票所体现的体育文化，是吸引广大体育爱好者的一大因素，丰富多样的体育文化有利于刺激体育彩票消费者的购买意愿。

参考文献

[1]中国社会科学院语言研究所词典编辑室. 现代汉语词典[M]. 7 版. 北京：商务印书馆，2016:1288.

[2]赵明宇. 世界体育彩票概览[M]. 北京：人民体育出版社，1999:20.

[3]沈明明. 论国家对彩票业的管制[C]//北京大学中国公益彩票事业研究所. "博彩产业与公益事业"国际学术研讨会论文集. 北京，2004:142.

[4]王五一. 世界赌博爆炸与中国的经济利益[M]. 北京：经济科学出版社，2005:102.

[5]陈旭东. 谈中国彩票销售管理体制和机制对彩票发展的影响[C]//北京大学中国公益彩票事业研究所. "博彩产业与公益事业"国际学术研讨会论文集. 北京，2004:87-91.

[6]曹缔训，蔡海波. 体育产业经营管理[M]. 武汉：湖北科技出版社，1994:38.

[7]王毅，高文斌. 彩票购买者认知偏差量表初步编制及信效度检验[J]. 中国临床心理学杂志，2009，17(5):529-531，525.

[8]王斌，史文文，刘炼. 体育彩民的界定及购彩心理与行为特征[J]. 华中师范大学学报(人文社会科学版)，2013，52(2):171-176.

[9]符国群. 消费者行为学[M]. 北京：机械工业出版社，2009:19.

[10]江林. 消费者行为学[M]. 北京：中国人民大学出版社，2007:85.

[11]王升. 试析影响中国体育彩票市场消费者的行为因素[J]. 体育科技文献通报，2008，16(12):98-100.

[12]王爱丰，王正伦，陈勇军，等. 影响南京体育彩民彩票消费行为若干因素的研究[J]. 山东体育学院学报，2004(2):27-30.

[13]李海，丁英俊. 国内外体育彩票发展现状的比较研究[J]. 西安体育学院学报，2001，18(1):14-16.

[14]闫华，李明. 意大利、中国足球彩票的比较研究[J]. 西安体育学院学报，2002，19(3):13-16.

[15]肖平，郑中中. 关于国外足球彩票经营管理模式的研究[J]. 中国体育科技，2000，36(12):3-5.

[16]FRIEDMAN M，SAVAGE L J. The utility of choices involving risk[J]. Journal of Political Economy，1948，56：279-304.

[17]ROBSON A J. The evolution of attitudes to risk：lottery tickets and relative wealth [J]. Games and Economic Behavior，1996，14：190-207.

[18]黄有光. 经济与快乐[M]. 大连:东北财经大学出版社,2000:48.
[19]RUBIN P H, PAUL C W. An evolutionary model of taste for risk [J]. Economic Inquiry, 1979, 17: 585-596.
[20]QUIGGIN J. On the optimal design of lotteries [J]. Economica, 1991, 58:1-16.
[21]HARUVY E, EREV I, SONSINO D. The medium prizes paradox: evidence from a simulated casino [J]. Journal of Risk and Uncertainty, 2001, 22(2): 251-261.
[22]STATMAN M. Lottery players/stock traders [J]. Financial Analysts Journal, 2002, 58 (1): 14-21.
[23]LANGER E J. The illusion of control[J]. Journal of Personality and Social Psychology, 1975,32(2):311-328.
[24]KAHNEMAN D,TVERSKY A. Prospect theory: an analysis of decision under risk[J]. Econometrica,1979, 47(2):263-292.
[25]MARCH J G, SHAPIRA Z. Managerial perspectives on risk and risk taking [J]. Management Science,1987,33:1404-1418.
[26]DIECIDUE E,SCHMIDT U,WAKKER P P. The utility of gambling reconsidered [J]. Journal of Risk and Uncertainty, 2004, 29: 241-259.
[27]FRANKEL A,SNYDER M L. Poor performance following unsolvable problems:learned helplessness or egotism? [J]. Journal of Personality and Social Psychology,1978, 36: 1415-1423.
[28]RUBIN P H, PAUL C W. An evolutionary model of taste for risk [J]. Economic Inquiry, 1979, 17: 585-596.
[29]FRIEDMAN M, SAVAGE L J. The utility of choices involving risk[J]. Journal of Political Economy,1948, 56: 279-304.
[30]BECKER G,MURPHY K, WERNING I. Status, lotteries and inequality [J]. Chicago-Center for Study of Economy and State, 2000.
[31]费鹏,屠梅曾. 彩票的消费者行为分析[J]. 科学·经济·社会,2002,20(3):28-31.
[32]周晓棠. 彩票的经济学分析及我国彩票市场主体的取向[J]. 中国流通经济,2004(12):53-56.
[33]鲍志宏,吉艳霞. 中国体育彩票市场消费者经济行为的心理研究[J]. 经济与管理,2004,18(12):65-67.
[34]周珂,周艳丽. 体育彩票市场消费者行为的经济学分析[J]. 北京体育大学学报,2004(5):605-606,652.
[35]郑辉,任向华. 彩票投资的概率分析[J]. 中国统计,2004(3):57-58.
[36]穆林,余中国. 我国彩民的行为分析[J]. 技术经济与管理研究,2004(3):84.
[37]WOOD R T, GRIFFITHS M D. Adolescent lottery and scratch card players: do their Atti-

tudes influence their gambling behaviors? [J]. Journal of Adolescence,2004,27:467-475.

[38]刘伟,陈银冬,梁志聪,等.彩票运行方案的合理性研究[J].工程数学学报,2003,20(5):94-99.

[39]刘世明,王进,王元元,等.彩票方案的评价[J].工程数学学报,2003,20(5):74-80.

[40]奚悦,窦文,高云强,等.彩票方案的合理性优化[J].工程数学学报,2003,20(5):88-93,73.

[41]王宏健,方国兴.彩票最优销售方案的非线性规划模型[J].福州大学学报(自然科学版),2004(3):266-269.

[42]洪善艳,周姝,刘梅娟,等.彩票方案的优选模型[J].工程数学学报,2003,20(5):100-106.

[43]COOK P J. CLOTFELTER C. The peculiar scale economies of lotto [J]. American Economics Review, 1993, 83(3): 634-643.

[44]DAVID G O, SCOTT F A. The demand for wagering on state-operated lotto games [J]. National Tax Journal, 1993, 46(1): 13-22.

[45]FORREST D, GULLEY O D, SIMMONS R. Elasticity of demand for UK national lottery tickets [J]. National Tax Journal, 2000, 53: 853-864.

[46]MATHESON V A, GROTE K R. Jacking up the jackpot: are lotto consumers fooled by annuity payments? [J]. Public Finance Review, 2003, 31(5): 550-567.

[47]FORREST D, SIMMONS R, CHESTERS N. Buying a dream: alternative models of demand for lotto [J]. Economic Inquiry, 2002, 40(3): 485-496.

[48]FARRELL L, HARTLEY R, LANOT G, WALKER I. The demand for lotto: the role of conscious selection [J]. Journal of Business and Economic Statistics, 2000, 18(2): 228-241.

[49]WALKER I, YOUNG J. An economist's guide to lottery design [J]. Economic Journal, 2001, 111(475): 700-722.

[50]GARRETT T A, SOBEL R S. Gamblers favor skewness, not risk: further evidence from United States' lottery games [J]. Economics Letters, 1999, 63(1): 85-90.

[51]KEARNEY M S. State lotteries and consumer behavior[J]. Journal of Public Economics, 2005,89(11-12):2269-2299

[52]MIKESELL J L. State lottery sales and economic activity [J]. National Tax Journal, 1994, 47(1): 165-171.

[53]GARRETT T A. An international comparison and analysis of lotteries and the distribution of lottery expenditures [J]. International Review of Applied Economics, 2001,15(2): 213-227.

[54]GARRETT T A, SOBEL R S. State lottery revenue: the importance of game character-

istics[J]. Public Finance Review 2004，32(3)：313-330.

[55]谢琼桓. 关于发行体育彩票的若干问题[J]. 体育科学，2000(3)：7-9.

[56]吕平，王健. 体育彩票对我国体育产业的推动与发展研究[J]. 商场现代化，2009(26)：57-58.

[57]赵芳. 对我国体育彩票管理体制和体育彩票性质的研究[J]. 首都体育学院学报，2002，14(1)：19-22.

[58]张玉超. 我国体育彩票近十年发行现状与对策研究[J]. 北京体育大学学报，2004，27(5)：607-609，611.

[59]倪佳丽. 我国彩票立法问题研究[J]. 市场论坛，2006(4)：145-146，148.

[60]朱小明. 中国体彩事业发展新视野：四大机遇和四项建议[N]. 中国体育报，2002.

[61]徐刚，张陆，夏文汇. 促进我国彩票业发展的对策[J]. 重庆工学院学报，2001，15(4)：45-46，50.

[62]王沛，林崇德. 社会认知的理论模型综述[J]. 心理科学，2002，25(1)：73-75.

[63]MOOK D G. Motivation：the organization of action[M]. New York：W. W. Norton & Company，1995.

[64]BLACKWELL R D，MINIARD P W，ENGEL J F. Consumer behavior[M]. 9th ed. Fort Worth：Harcourt College，2001.

[65]HAVITZ M E，DIMANCHE F. Leisure involvement revisited ：drive properties and paradoxes[J]. Journal of Leisure Research，1999，31(2)：122-149.

[66]RAGHEB M G. Interrelationships among leisure participation，leisure satisfaction，and leisure attitudes[J]. Journal of Leisure Research，1980，12(2)：138-149.

[67]VOELKL J E，ELLIS G D. Measuring flow experiences in daily life：an examination of the items used to measure challenge and skill [J]. Journal of Leisure Research，1998，30(3)：380-389.

[68]HAVITZ M E，DIMANCHE F. Leisure involvement revisited：conceptual conundrums and measurement advances [J]. Journal of Leisure Research，1997，29(3)：245-278.

[69]黄芳铭. 结构方程模式——理论与应用[M]. 北京：中国税务出版社，2005.

[70]TABACHNICK B G，FIDELL L S，ULLMAN J B. Using multivariate statistics[M]. Boston，MA：Pearson，2007.

[71]HAYDUK L A. Structural Equation Modeling with LISREL：essentials and advances [M]. Baltimore MD：The Johns Hopkins University Press，1987.

[72]WHEATON B. Assessment of fit in over-identified models with latent variables [J]. Sociological Methods and Research，1987，16(1)：118-154.

[73]BROWNE M W，CUDECK R. Alternative ways of assessing model fit[J]. Sociological Methods and Research，1992，21(2)：230-258.

[74]MARSH H W, BALLA J. Goodness of fit in confirmatory factor analysis: the effects of sample size and model parsimony [J]. Quality and Quantity, 1994,28(2): 185-217.

[75]HU L T, BENTLER P M. Cutoff criteria for fit indexes in covariance structure analysis: conventional criteria versus new alternatives [J]. Structural Equation Modeling, 1999, 6(1):1-55.

[76]BENTLER P M. Comparative fit indexes in structural models[J]. Psychological Bulletin, 1990, 107(2): 238-246.

[77]陈永英,任建惠,李莉.体育彩票彩民消费动机及其影响因素的分析[J].中国商贸,2009(21):206-207.

[78]徐晓天,陈绍刚,尉国才.基于前景理论与贝叶斯决策模型的彩民动机研究[J].统计与决策,2007(6):105-107.

[79]刘玉,詹兴永.体育彩票消费者行为的前景理论研究[J].四川体育科学,2008(1):8-10.

[80]彩票管理条例[EB/OL].(2009-05-04)[2020-04-20]. https://flk.npc.gov.cn/detail2.html? ZmY4MDgwODE2ZjNjYmIzYzAxNmY0MGQ2ODAxNDA2OGU

[81]朱彤,余晖.彩票市场的竞争性质与我国彩票监管体制的重构[J].中国工业经济,2004(4):35-42.